日本語能力試験必修パターンシリーズ

パターンを押さえて、解き方まるわかり

日本語能力試験 N1 聴解 必修パターン

Japanese Language Proficiency Test N1 Listening Compulsory Pattern
日语能力考试 N1 听力 必修的模式
Bài kiểm tra trình độ tiếng Nhật bản N1 Nghe hiểu Mô hình bắt buộc

氏原庸子／岡本牧子●共著

Jリサーチ出版

はじめに

　1984年に始まった日本語能力試験も2010年には大きく改定され、日本語の知識だけでなく、実際に運用する能力も求められるようになりました。「聴解」問題も、日本語の音声を聞いて課題を遂行する能力、つまり聞いたことをもとにしてどのような行動をとるのか、とれるのかという能力が必要とされています。

　本書は基礎編、対策編、模擬試験の3つのパートに分かれています。基礎編では聴解の基礎からもう一度復習できるようにしました。この部分は問題を解くことよりも、音声を何回も繰り返して聞いて、耳慣らしをしてほしいと思います。対策編では聴解試験に出題される問題をいくつかのパターンにまとめ、さまざまなパターンをさらに細かく分析して、出題形式のポイント別に練習することにより、結果的に多くの問題に触れることを目指しました。難しい言葉には解説をつけ、重要語、キーワード、付録などで語彙力をパワーアップさせ、それを聴解力につなげる工夫をしました。また、模擬試験では、総合的な聴解能力を判断できるようにしました。

　このように本書は、日本語能力試験Ｎ１聴解問題に対応した構成になっていますが、上記のように聴解力を伸ばすためのさまざまな工夫もされていますので、試験対策としてだけではなく、学校での聴解の授業や、自習で聴解力を身につけたい方にもお勧めできる内容となっています。

　このテキストを使うことで、日本語学習者のみなさんの聴解力がアップすることを願っています。また、日本語能力試験に合格するだけではなく、毎日の生活で必要な「聞く」力を少しでも伸ばすことができれば、こんなにうれしいことはありません。

氏原庸子・岡本牧子

もくじ

はじめに……………………………………………………… 2
本書の使い方………………………………………………… 6
「日本語能力試験Ｎ１」の構成…………………………… 10

PART1 基礎編……………………………………… 11

- **UNIT 1** 音の特徴を聞き分けよう………………… 12
- **UNIT 2** 音の変化を聞き取ろう…………………… 16
- **UNIT 3** 終助詞……………………………………… 20
- **UNIT 4** イントネーション………………………… 22
- **UNIT 5** 指示詞……………………………………… 24
- **UNIT 6** 副詞の省略表現…………………………… 26
- **UNIT 7** 会話の流れ………………………………… 34

練習問題の答えとスクリプト……………………………… 38

PART2 対策編……………………………………… 51

第１章　課題理解……………………………………………51
第２章　ポイント理解………………………………………79
第３章　概要理解……………………………………………99
第４章　即時応答………………………………………… 119
第５章　統合理解………………………………………… 141

もくじ

PART3 模擬試験・・・・・・・・・・・・・・・・・・・・・171
採点表・・・・・・・・・・・・・・・・・・・・・・・・・・184

付録「試験に出る言葉」・・・・・・・・・・・・・・・・・185

〈別冊〉
模擬試験　答えとスクリプト・・・・・・・・・・・・・・・・2
解答用紙（対策編）・・・・・・・・・・・・・・・・・・・・15
解答用紙（模擬試験）・・・・・・・・・・・・・・・・・・・16

本書の使い方

学習の流れ

この本は4つの部分（「基礎編」、「対策編」、「模擬試験」、付録「試験に出る言葉」）で構成され、主に次のような流れで学習を進めます。

① **基礎編** ⇒ 会話を聞き取る基礎力を身につける

まず、日本語の音の特徴や音の変化、話し手の気持ちや細かいニュアンスを表す言葉や言い方について復習・整理をします。また、一個一個の音や単語、文だけでなく、会話の流れをつかむ練習も少しします。

② **対策編** ⇒ 問題のパターンを知る、解法のパターンをつかむ

日本語能力試験の問題形式に沿って実践練習をします。問題開始から答えを選ぶまでの解答のアプローチと正解を得るポイントを、繰り返し練習する中で身につけていきます。

③ **模擬試験** ⇒ 学習のまとめとして実力を確認する

ひととおり学習が終わったら、模擬試験で実力診断をします。得点が低かった場合は、特によくなかった問題を中心に、しっかり復習しましょう。

④ **付録「試験に出る言葉」** ⇒ 試験に備えて基本語彙を整理する

実戦力を高めるために、聴解問題の会話やスピーチの中で出てきそうな言葉を覚えます。①②③の学習とは別に、課題にしたり、直前のチェックに使ったりと、自由に役立てることができます。

CDの使い方

付属CDは2枚あり、次のような構成になっています。

DISC1	DISC2
PART 1 基礎編	即時応答
	統合理解
PART 2 対策編	
課題理解	
ポイント理解	PART 3 模擬試験
概要理解	
即時応答	

「基礎編」には、「聞いてみましょう1」から「聞いてみましょう11」までの練習問題が収められています。「対策編」はDISC1とDISC2に、「模擬試験」はDISC2に収録されています。

学習プラン

日本語能力試験対策にこの本を利用する場合の学習プランとして、3つの例をご紹介します。試験勉強を始める時期や試験日までの日数など、ニーズに合わせ、適当にアレンジをしながらプランを立ててください。

学習プランの例

〈平均プラン〉 16回＋模擬試験

1	基礎編1～2
2	基礎編3～4
3	基礎編5～6
4	基礎編7
5	課題理解1～3
6	課題理解4～6
7	課題理解7～10
8	課題理解11～14
9	ポイント理解15～18
10	ポイント理解19～22
11	概要理解23～26
12	概要理解27～30
13	即時応答31～39
14	即時応答40～48
15	統合理解49～52
16	統合理解解53～56
	模擬試験
自習	試験に出る言葉

〈短期プラン〉 12回＋模擬試験

1	基礎編1～4
2	基礎編5～7
3	課題理解1～4
4	課題理解5～9
5	課題理解10～14
6	ポイント理解15～18
7	ポイント理解19～22
8	概要理解23～26
9	概要理解27～30
10	即時応答31～48
11	統合理解49～52
12	統合理解53～56
	模擬試験
自習	試験に出る言葉

〈超短期プラン〉 8回＋模擬試験

1	基礎編1～7
2	課題理解1～7
3	課題理解2～14
4	ポイント理解15～22
5	概要理解23～30
6	即時応答31～48
7	統合理解49～52
8	統合理解53～56
9	模擬試験
自習	試験に出る言葉

※ 1回50分として。
※ 消化できなかったものは宿題にする。

▶ 基礎編の学習の仕方

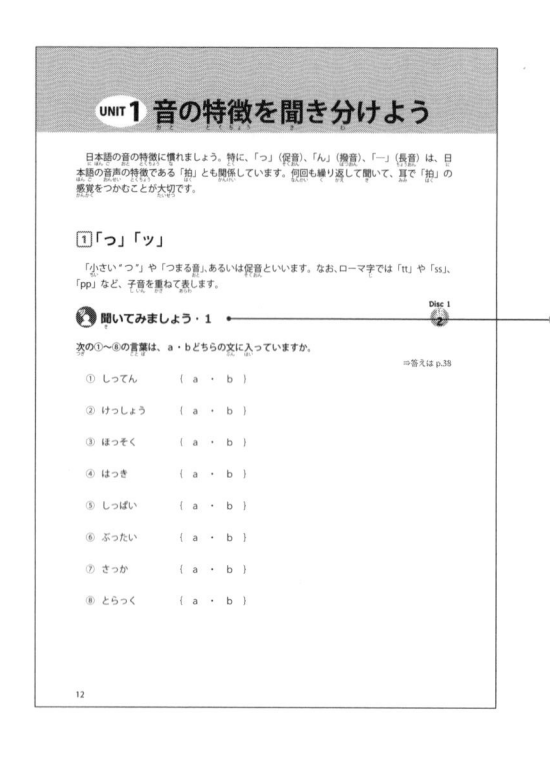

> **UNIT 1 音の特徴を聞き分けよう**
>
> 日本語の音の特徴に慣れましょう。特に、「っ」(促音)、「ん」(撥音)、「ー」(長音)は、日本語の音声の特徴である「拍」とも関係しています。何回も繰り返して聞いて、耳で「拍」の感覚をつかむことが大切です。
>
> ### 1 「っ」「ッ」
>
> 「小さい"っ"」や「つまる音」、あるいは促音といいます。なお、ローマ字では「tt」や「ss」、「pp」など、子音を重ねて表します。
>
> 🎧 **聞いてみましょう・1** ● ─────── Disc 1
>
> 次の①〜⑧の言葉は、a・bどちらの文に入っていますか。
> ⇨答えはp.38
>
> ① してん　　{ a ・ b }
> ② けっしょう　{ a ・ b }
> ③ ほっそく　　{ a ・ b }
> ④ はっき　　　{ a ・ b }
> ⑤ しっぱい　　{ a ・ b }
> ⑥ ぶたい　　　{ a ・ b }
> ⑦ さっか　　　{ a ・ b }
> ⑧ とらっく　　{ a ・ b }

● 7つのユニットを設け、「聞いてみましょう」（音声あり）または「やってみましょう」（音声なし）で練習問題を解きながら、ポイントを整理していきます。

▶ 対策編の学習の仕方

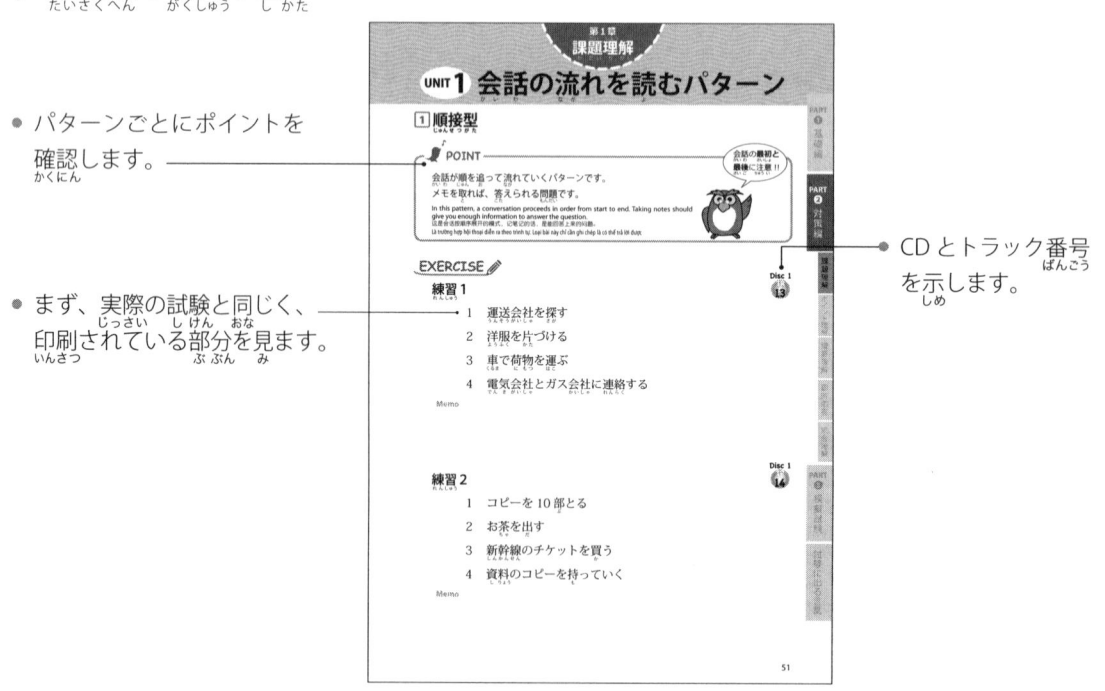

> 第1章 課題理解
>
> **UNIT 1 会話の流れを読むパターン**
>
> ### 1 順接型
>
> 📝 **POINT**
>
> 会話が順を追って流れていくパターンです。
> メモを取れば、答えられる問題です。
>
> In this pattern, a conversation proceeds in order from start to end. Taking notes should give you enough information to answer the question.
> 这是会话依序展开的题型。记笔记的话，就能回答上去的问题。
> Là trường hợp hội thoại diễn ra theo trình tự. Loại bài này chỉ cần ghi chép là có thể trả lời được.
>
> 会話の最初と最後に注意!!
>
> **EXERCISE**
>
> 練習1　　　　　　　　　　　　　　　　　Disc 1
> 1　運送会社を探す
> 2　洋服を片づける
> 3　車で荷物を運ぶ
> 4　電気会社とガス会社に連絡する
> Memo
>
> 練習2　　　　　　　　　　　　　　　　　Disc 1
> 1　コピーを10部とる
> 2　お茶を出す
> 3　新幹線のチケットを買う
> 4　資料のコピーを持っていく
> Memo

● パターンごとにポイントを確認します。

● まず、実際の試験と同じく、印刷されている部分を見ます。

● CDとトラック番号を示します。

本書の使い方

- 問題の答えとスクリプトです。
- スクリプトの中で、少し難しいと思われる語句を取り上げています。
- 意味や用法を確認しておきたいものを取り上げます（⇒4ページ目に具体的な説明）。

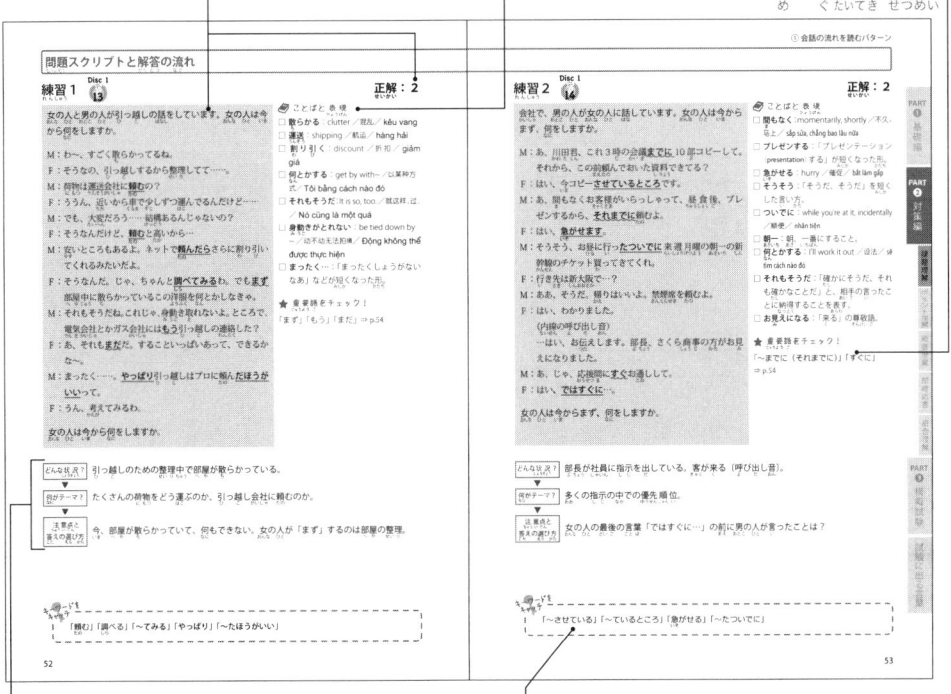

練習1　Disc 1 ⑬　　正解：2

女の人と男の人が引っ越しの話をしています。女の人は今から何をしますか。

M：わあ、すごく散らかってるね。
F：そうなの、引っ越しするから整理してて……。
M：問題は運送会社に頼むの？
F：うん、だから車で少しずつ運んでるんだけど……
M：でも、大変だろう……結構あるんじゃない？
F：そうなんだけど、頼むと高いし…
M：安いところもあるよ。ネットで頼んだらさらに割り引いてくれるみたいだよ。
F：そうなんだ、じゃ、ちゃんと調べてみるわ。でもまず部屋中に散らかっているこの洋服を何とかしなきゃ。
M：それもそうだね。これじゃ、身動きが取れないよ。ところで、電気会社とかガス会社にはもう引っ越しの連絡はした？
F：あ、それもまだだ。することいっぱいあって、できるかな〜。
M：まったく……。やっぱり引っ越しはプロに頼んだほうがいいって。
F：うん、考えてみるわ。

女の人は今から何をしますか。

ことばと表現
- 散らかる：clutter／凌乱／kêu vang
- 運送：shipping／运送／hàng hải
- 割り引く：discount／折扣／giảm giá
- 何とかする：get by with〜／以某种方法
- それもそうだ：It is so, too.／就这样, 也／Tôi cũng là một quá
- 身動きが取れない：be tied down by／动弹不得／Đồng không thể được thực hiện
- まったく…：「まったくしょうない なあ」などが短くなった形。

★重要語をチェック！
「まず」「もう」「まだ」⇒p.54

練習2　Disc 1 ⑭　　正解：2

会社で、男の人が女の人に話しています。女の人は今から、何をしますか。

M：あ、田中君、これ3時の会議までに10部コピーして。それから、この前頼んでおいた資料送信できる？
F：はい、今コピーさせているところです。
M：あ、聞きそうにお客様がいらっしゃって、昼食後、プレゼンするから、急がせます。
F：はい、急がせます。
M：そうそう、お suite に行った ついでに来週月曜日の朝の新幹線のチケット取ってきてくれ。
F：行き先は大阪で…？
M：ああ、そうだ。帰りはいいよ、禁煙席を頼むよ。
F：はい、わかりました。
（内線の呼び出し音）
――はい、お伝えします。部長、さくら商事の方がお見えになりました。
M：あ、じゃ、応接間にすぐお通しして。
F：はい、ではすぐに…。

女の人は今からまず、何をしますか。

ことばと表現
- 間もなく：momentarily, shortly／不久, 一会儿／sắp, sắp sửa, chẳng bao lâu nữa
- プレゼンする：「プレゼンテーション（presentation）する」が短くなった形。
- 急がせる：hurry／催促／bắt làm gấp
- そうそう：「そうだ、そうだ」を短くした形。だ。
- ついでに：while you're at it, incidentally／顺便／nhân tiện
- 朝一：朝、一番にすること。
- 取り出す：it work it out／设法／sẽ tìm cách nào đó
- それもそうだ：「確かにそうだ、それも疑なことだ」と、相手の言ったことと同時に表す。
- お見えになる：「来る」の尊敬語。

★重要語をチェック！
「までに（それまでに）」「すぐに」⇒p.54

どんな状況？　引っ越しのための整理中で部屋が散らかっている。
何がテーマ？　たくさんの物をどう運ぶのか、引っ越し会社に頼むのか。
注意点と答えの表し方　今、部屋が散らかっていて、何もできない。女の人が「まず」するのは部屋の整理。

どんな状況？　部長が社員に指示を出している。客が来る（呼び出し音）。
何がテーマ？　多くの指示の中での優先順位。
注意点と答えの表し方　女の人の最後の言葉「ではすぐに…」の前に男の人が言ったことは？

キーワード1
「頼む」「調べる」「〜てみる」「やっぱり」「〜たほうがいい」

キーワード1
「〜させている」「〜ているところ」「急がせる」「〜たついでに」

- 解答の手順やポイントを示しています。問題の形式によって多少異なります。

- 答えを見つけるためのカギとなる言葉を取り上げます。短い語句から長めの文までさまざまで、これらがどれだけ聞き取れるかポイントになります。

〈重要語使い方チェック〉

- 1題につき2〜3の語を取り上げ、意味と使い方を確認します。

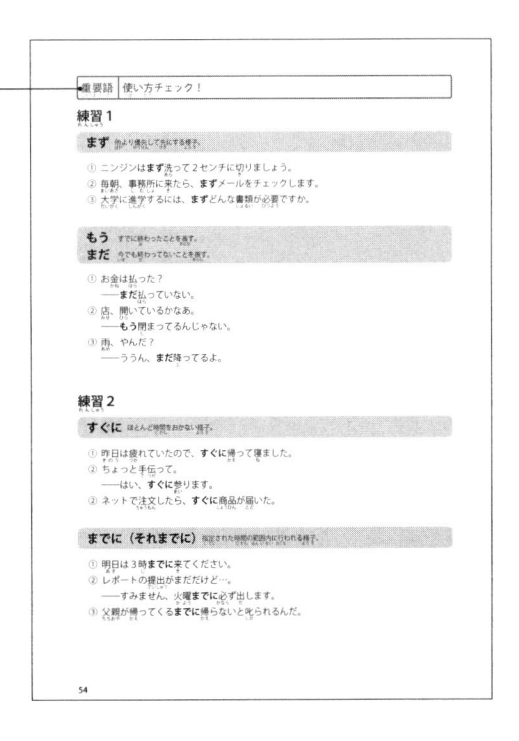

重要語　使い方チェック！

練習1

まず　何より先にする様子。

① ニンジンはまず洗って2センチに切りましょう。
② 毎朝、事務所に来たら、まずメールをチェックします。
③ 大学に進学するには、まずどんな書類が必要ですか。

もう　すでに終わったことを表す。
まだ　今でも終わっていないことを表す。

① お金は払った？
　――まだ払っていない。
② 店、開いてるかなあ。
　――もう閉まってるんじゃない。
③ 雨、やんだ？
　――ううん、まだ降ってるよ。

練習2

すぐに　ほとんど時間をおかない様子。

① 昨日は疲れていたので、すぐに帰って寝ました。
② ちょっと手伝って。
　――はい、すぐに参ります。
③ ネットで注文したら、すぐに商品が届いた。

までに（それまでに）　指定された時間の範囲内が分かれる様子。

① 明日は3時までに来てください。
② レポートの提出がまだだけど…。
　――すみません、火曜日までに必ず出します。
③ 父親が帰ってくるまでに帰らないと叱られるんだ。

「日本語能力試験N1」の構成

		大問	小問数	ねらい
言語知識（文字・語彙・文法）・読解（110分）	文字・語彙	1 漢字読み	6	漢字で書かれた語の読み方を問う。
		2 文脈規定	7	文脈によって意味的に規定される語が何であるかを問う。
		3 言い換え類義	6	出題される語や表現と意味的に近い語や表現を問う。
		4 用法	6	出題語が文の中でどのように使われるのかを問う。
	文法	5 文の文法1（文法形式の判断）	10	文の内容に合った文法形式かどうかを判断することができるかを問う。
		6 文の文法2（文の組み立て）	5	統語的に正しく、かつ、意味が通る文を組み立てることができるかを問う。
		7 文章の文法	5	文章の流れに合った文かどうかを判断することができるかを問う。
	読解	8 内容理解（短文）	4	生活・仕事などいろいろな話題も含め、説明文や指示文など200字程度のテキストを読んで、内容が理解できるかを問う。
		9 内容理解（中文）	9	評論、解説、エッセイなど500字程度のテキストを読んで、因果関係や理由などが理解できるかを問う。
		10 内容理解（長文）	4	解説、エッセイ、小説など1000字程度のテキストを読んで、概要や筆者の考えなどが理解できるかを問う。
		11 統合理解	2または3	複数のテキスト（合計600字程度）を読み比べて比較・統合しながら理解できるかを問う。
		12 主張理解（長文）	4	社説、評論など抽象性・論理性のある1000字程度のテキストを読んで、全体として伝えようとしている主張や意見がつかめるかを問う。
		13 情報検索	2	広告、パンフレット、情報誌、ビジネス文書などの情報素材（700字程度）の中から必要な情報を探し出すことができるかを問う。
聴解（60分）		1 課題理解	6	まとまりのあるテキストを聞いて、内容が理解できるかどうかを問う。
		2 ポイント理解	7	まとまりのあるテキストを聞いて、内容が理解できるかどうかを問う。
		3 概要理解	6	まとまりのあるテキストを聞いて、内容が理解できるかどうかを問う。
		4 即時応答	14	質問などの短い発話を聞いて、適切な応答が選択できるかを問う。
		5 統合理解	4	長めのテキストを聞いて、複数の情報を比較・統合しながら、内容が理解できるかを問う。

※ 小問数は予想される数で、実際にはこれと異なる場合もあります。

試験に関する最新情報は、日本語能力試験の公式ホームページ（☞ http://www.jlpt.jp）でご確認ください。

PART 1 基礎編
きそへん

UNIT 1 音の特徴を聞き分けよう
おと とくちょう き わ

1 「っ」「ッ」　2 「ん」「ン」　3 「゛」と「゜」　4 「ー」

UNIT 2 音の変化を聞き取ろう
おと へんか き と

1 「て＋い⇒て」「て＋お⇒と」「て＋あ⇒た」になるパターン

2 「ゃ」「ゅ」「ょ」になるパターン

3 「〜て」「〜って」になるパターン

4 「ん」になるパターン

UNIT 3 終助詞
しゅうじょし

UNIT 4 イントネーション

UNIT 5 こそあど

UNIT 6 副詞の省略表現パターン
ふくし しょうりゃくひょうげん

1 YES／NO など主なもの　2 気持ちや判断を表すもの
　　　　　　　おも　　　　　　　　き も　　はんだん　あらわ

3 変化を表すもの　　　　4 物事の状態や状況を表すもの
　へんか あらわ　　　　　　ものごと じょうたい　じょうきょう あらわ

UNIT 7 会話の流れ
かいわ なが

練習の答えとスクリプト
れんしゅう こた

UNIT 1 音の特徴を聞き分けよう

　日本語の音の特徴に慣れましょう。特に、「っ」（促音）、「ん」（撥音）、「ー」（長音）は、日本語の音声の特徴である「拍」とも関係しています。何回も繰り返して聞いて、耳で「拍」の感覚をつかむことが大切です。

1 「っ」「ッ」

　「小さい"つ"」や「つまる音」、あるいは促音といいます。なお、ローマ字では「tt」や「ss」、「pp」など、子音を重ねて表します。

聞いてみましょう・1

Disc 1 TR 2

次の①〜⑧の言葉は、a・bどちらの文に入っていますか。

⇒答えは p.38

① しってん　　　　{ a ・ b }

② けっしょう　　　{ a ・ b }

③ ほっそく　　　　{ a ・ b }

④ はっき　　　　　{ a ・ b }

⑤ しっぱい　　　　{ a ・ b }

⑥ ぶったい　　　　{ a ・ b }

⑦ さっか　　　　　{ a ・ b }

⑧ とらっく　　　　{ a ・ b }

2 「ん」「ン」

専門的な言い方では撥音といいます。なお、ローマ字では「n」で表します。

🗣 聞いてみましょう・2

次の①〜⑧の言葉は、a・bどちらの文に入っていますか。

⇒答えは p.38

① かんげき　　　　　{ a ・ b }

② ひんけつ　　　　　{ a ・ b }

③ げんきん　　　　　{ a ・ b }

④ ひんめい　　　　　{ a ・ b }

⑤ しんけん　　　　　{ a ・ b }

⑥ かんたい　　　　　{ a ・ b }

⑦ てんいん　　　　　{ a ・ b }

⑧ ほんかん　　　　　{ a ・ b }

3 「゛」と「゜」

「゛」の記号が付く音は濁音、あるいは「濁った音」といいます。一方、「゜」の記号の付く音は半濁音、あるいは破裂音ともいいます。なお、ローマ字では"b" "d" "g" "p" などを使って表します。

聞いてみましょう・3

Disc 1
TR 4

次の①～⑧の言葉は、a・bどちらの文に入っていますか。

⇒答えは p.39

① パス　　　　　　　{ a ・ b }

② ピン　　　　　　　{ a ・ b }

③ ベンチ　　　　　　{ a ・ b }

④ せんばい　　　　　{ a ・ b }

⑤ バッグ　　　　　　{ a ・ b }

⑥ いでん　　　　　　{ a ・ b }

⑦ ざんぎょう　　　　{ a ・ b }

⑧ そうぞう　　　　　{ a ・ b }

4 「ー」

「ー」は「伸ばす音」、あるいは長音といいます。なお、ローマ字では普通、"ā" "ō" あるいは "aa" "oo" などのように表します。

※ひらがなで書き表すときは、多くの場合、「あ」「い」「う」「え」「お」を含んだ形になります（例：おかあさん、とうきょう、しーんと）。

聞いてみましょう・4

次の①〜⑧の言葉は、a・bどちらの文に入っていますか。

⇒答えは p.39

① マーク　　　　　　{ a ・ b }

② カード　　　　　　{ a ・ b }

③ チーズ　　　　　　{ a ・ b }

④ ビール　　　　　　{ a ・ b }

⑤ きいて　　　　　　{ a ・ b }

⑥ ゆうそう　　　　　{ a ・ b }

⑦ かいてい　　　　　{ a ・ b }

⑧ 通る　　　　　　　{ a ・ b }

UNIT 2 音の変化を聞き取ろう

　日常のくだけた会話では、短く言う「縮約」の形になったり、ほかの音に変化したりすることがよくあります。これらにはパターンがあるので、しっかり学習して、覚えてしまいましょう。

1 「て＋い⇒て」「て＋お⇒と」「て＋あ⇒た」になるパターン

整理

A. 〜ている ⇒ 〜てる／〜ていた ⇒ 〜てた　　例 ここで待ってる。／雨が降ってた。
B. 〜ていく ⇒ 〜てく　　例 傘を持ってく。
C. 〜ておく ⇒ 〜とく　　例 飲み物を冷やしとく。
D. 〜てあげる ⇒ 〜たげる　　例 荷物を持ったげる。

聞いてみましょう・5

Disc 1 TR 6

まず、一人が短い文を言います。それを聞いて、それに最も合う答えをa・b・cから1つ選んでください。

⇒答えは p.40

① { a ・ b ・ c }
② { a ・ b ・ c }
③ { a ・ b ・ c }
④ { a ・ b ・ c }
⑤ { a ・ b ・ c }
⑥ { a ・ b ・ c }
⑦ { a ・ b ・ c }
⑧ { a ・ b ・ c }

16

2 「や」「ゆ」「よ」になるパターン

※「小さい"や""ゆ""よ"」のことを拗音ともいいます。

> **整理**
>
> A. 〜てしまう ⇒ 〜ちゃう　　　　　　　例 忘れちゃう。
> B. 〜れば（動詞-ば形）⇒ 〜りゃ　　　　例 行かなけりゃいい。
> C. 〜ければ（い形容詞-ければ）⇒ 〜けりゃ　例 安けりゃ買う。
> D. 〜なければ（ならない）⇒ 〜なきゃ　例 電話しなきゃ。
> E. 〜くては（い形容詞-ければ）⇒ 〜くちゃ　例 もう行かなくちゃ。
> F. 〜ては（動詞-て形＋は）⇒ 〜ちゃ／〜じゃ　例 誰にも言っちゃだめだよ。
> G. 〜では（名詞/な形容詞＋では）⇒ 〜じゃ
>   例 大阪じゃ、有名です。／あまりきれいじゃない。
> H. これは／それは／あれは ⇒ こりゃ／そりゃ／ありゃ
>   例 こりゃ、便利だ。／そりゃ、困るよ。／ありゃ、ひどい。

聞いてみましょう・6　Disc 1　7

まず、一人が短い文を言います。それを聞いて、それに最も合う答えをa・b・cから1つ選んでください。

⇒答えは p.41

① { a ・ b ・ c }

② { a ・ b ・ c }

③ { a ・ b ・ c }

④ { a ・ b ・ c }

⑤ { a ・ b ・ c }

⑥ { a ・ b ・ c }

⑦ { a ・ b ・ c }

⑧ { a ・ b ・ c }

③「〜て」「〜って」になるパターン

整理

A. 〜という ⇒ 〜って　　　　　　例 だめってことですか。
B. 〜というのは ⇒ 〜て／〜って　例 子供の教育って難しいですね。
C. 〜は ⇒ 〜って　　　　　　　　例 田中さんって、独身？
D. 〜というように ⇒ 〜て／〜って　例 健康が一番大事って考えるようになった。
E. 〜ても ⇒ 〜たって　　　　　　例 彼に聞いたってだめだよ。
F. 〜でも ⇒ 〜だって　　　　　　例 そんなことは子供だって知ってる。

聞いてみましょう・7

Disc 1
TR 8

まず、一人が短い文を言います。それを聞いて、それに最も合う答えを a・b・c から1つ選んでください。

⇒答えは p.41

① { a ・ b ・ c }

② { a ・ b ・ c }

③ { a ・ b ・ c }

④ { a ・ b ・ c }

⑤ { a ・ b ・ c }

⑥ { a ・ b ・ c }

⑦ { a ・ b ・ c }

⑧ { a ・ b ・ c }

② 音の変化を聞き取ろう

4 「ん」になるパターン

整理

A. 〜のです ⇒ 〜んです　　　例 風邪をひいた**ん**です。
B. 〜ので ⇒ 〜んで　　　　　例 用事がある**ん**で、帰ります。
C. 〜らない ⇒ 〜んない　　　例 よくわか**ん**ない。
D. 名詞＋の＋名詞 ⇒ 名詞＋ん＋名詞　　例 ずっと家**ん**中にいた。
E. ものです / ものだ ⇒ 〜もんです / もんだ　　例 なかなか難しい**もんだ**。（感慨）
　　例 昔はよくここで遊んだ**もんだ**。（回想）
　　例 すみません、初めてな**もんで**。（言い訳）
　　例 子供は外で遊ぶ**もんだ**。（一般的な性質）

やってみましょう・1

※このドリルには、音声はありません。

次の「ん」は、上のA〜Dのうち、どの「ん」ですか。（　）に記号を入れてください。
⇒答えはp.42

① 先週、授業を休ん**だん**で、資料をもらってない**ん**です。（　）（　）

② 私**ん**ちまで道が暗いから、一人じゃ怖くて帰（ら）れない**ん**だ。（　）（　）

③ ケースも持ってこようと思った**ん**だけど、かばんに入**ん**なかったよ。（　）（　）

④ どうしてあんなつま**ん**ないこと言う**ん**だろう。（　）（　）

⑤ 働く**ん**なら働くで、ちゃんとや**ん**ないと。（　）（　）

下線部はa〜dのどれを表していますか。{a. 言い訳　b. 感慨　c. 回想　d. 一般的な性質}
⇒答えはp.42

⑥ 人は会ってみないとわからない**もんだ**。（　）

⑦ そうでしたか。気がつかなかった**もんで**…。すみません。（　）

⑧ いつまでもたっても、彼は学生気分が抜けないなあ…。困った**もんだ**。（　）

UNIT 3 終助詞

　終助詞は、文の最後に付けられる語です。非常に短い語ですが、さまざまな機能や意味を持ちます。特に会話では、話し手の細かい気持ちを表しながら、頻繁に使われます。

主な助詞とその働き

整理

A. **か**　　疑問、自分に言い聞かせる
　例 そろそろ行きましょう**か**。／今日は雨**か**…。

B. **な**　　再確認、納得、禁止
　例 それは無理だ**な**。／元気そうだ**な**。／風邪ひく**な**。

C. **かな**　疑問＋再確認
　例 これでいい**かな**。／やっぱりだめ**かな**。

D. **なあ**　感動
　例 懐かしい**なあ**。

E. **の**　　疑問
　例 えっ、知らない**の**？

F. **よ**　　相手に訴える・働きかける
　例 ほら、これ、おいしい**よ**。／ちゃんと聞いて**よ**。

G. **ね**　　同意を求める、意味を強める
　例 これ、おいしい**ね**。／頑張って**ね**。

H. **よね**　共通理解の確認
　例 ここのパンはおいしい**よね**／この曲、いい**よね**。

③ 終助詞

聞いてみましょう・8

Disc 1
TR 9

まず、一人が短い文を言います。それを聞いて、それに最も合う答えをa・b・cから1つ選んでください。

⇒答えは p.43

① { a ・ b ・ c }

② { a ・ b ・ c }

③ { a ・ b ・ c }

④ { a ・ b ・ c }

⑤ { a ・ b ・ c }

⑥ { a ・ b ・ c }

⑦ { a ・ b ・ c }

⑧ { a ・ b ・ c }

UNIT 4 イントネーション

　話をするときに文や語句の終わりの部分を上げたり（↗）、下げたり（↘）することで、話し手の意図を伝えます。基本的なイントネーション（音調や抑揚ともいう）には慣れておきましょう。

イントネーションの基本パターン

> **整理**
>
> A. 肯定文（↘）
>
> B. 疑問文（↗）
>
> C. 肯定文？（↗）
> 　例 コーヒー飲む？（↗）
>
> D. 疑問文（↘）
> 　例 そうですか。（↘）だめでしたか。（↘）
>
> E. 単語・句？（↗）
> 　例 千円？（↗）／ちょっとからい？
>
> F. 〜ない？
> 　例 一緒に行かない？
>
> G. 〜ね
> 　例 安いね。（↗）／そうだね（↗）

④ イントネーション

聞いてみましょう・9

まず、一人が短い文を言います。それを聞いて、それに合うほうをa・bから1つ選んでください。

⇒答えは p.44

① { a ・ b }

② { a ・ b }

③ { a ・ b }

④ { a ・ b }

⑤ { a ・ b }

⑥ { a ・ b }

⑦ { a ・ b }

⑧ { a ・ b }

UNIT 5 こそあど

「これ・それ・あれ・どれ」などの指示詞は、会話の中では特によく使われます。指示詞が何を指しているか、はっきりしないままでは、相手の言うことは理解できません。また、会話を長く続けることもできません。種類もたくさんありますので、「こ」「そ」「あ」「ど」の主な形と使い方を整理しておきましょう。

◆形

	もの	場所	方向	人	名詞に続く 特定	名詞に続く 様子	動詞に続く
こ	これ	ここ	こっち／こちら	こいつ（こなた）	この	こんな	こう
そ	それ	そこ	そっち／そちら	そいつ（そなた）	その	そんな	そう
あ	あれ	あそこ	あっち／あちら	あいつ（あなた）	あの	あんな	ああ
ど	どれ	どこ	どっち／どちら	どいつ／どなた	どの	どんな	どう

◆使い方

	目の前にあるもの	会話や文の中に出てくるものやこと
こ	話し手の範囲にある（近い）	直前に話したこと／これから話すこと／話し手だけが知っていること
そ	聞き手の範囲にある（近い）	これまで話したこと／聞き手の話に出てきて、話し手は知らないこと
あ	双方の範囲にない（離れている）	過去の出来事／双方が知っていること　など

また、指示詞を使った慣用表現もたくさんあります。それらにも慣れておくことが必要です。

⑤ こそあど

🎧 聞いてみましょう・10

Disc 1 TR 11

まず、一人が短い文を言います。それを聞いて、それに最も合う答えを a・b・c から１つ選んでください。

⇒答えは p.45

① { a ・ b ・ c }

② { a ・ b ・ c }

③ { a ・ b ・ c }

④ { a ・ b ・ c }

⑤ { a ・ b ・ c }

⑥ { a ・ b ・ c }

⑦ { a ・ b ・ c }

UNIT 6 副詞の省略表現パターン

　副詞の中には、「ない」や否定的な表現といつも組になって使われるものがあります。この場合、会話の中では全部言わないということがよくあります。これら会話的な表現に慣れながら、それぞれの副詞の意味や働きをしっかり身につけましょう。

1 YES／NO など主なもの

聞いてみましょう・11

Disc 1
12

Bは何を言いたかったのですか。下線部を参考に、（　　　）の中を完成させましょう。

⇒答えは p.45

① いまだ
　A：田中さんからは何か。
　B：<u>いまだ</u>何も。
　⇒（全然　　　　　　　）

② とうてい
　A：君なら明日までに、これだけできる？
　B：いやあ、私には<u>とうてい</u>…。
　⇒（とても　　　　　　　）

③ めったに
　A：あれー、珍しいとこで会ったね。よく来るの？　ここ。
　B：いやあ、<u>めったに</u>。
　⇒（ほとんど　　　　　　　）

④ とてもとても
　A：これだけのケーキ、90分で全種類食べられる？
　B：<u>とてもとても</u>…。
　⇒（とても　　　　　　　）

26

⑤　たいして
　　Ａ：すてきね、そのかばん。高かったんでしょう？
　　Ｂ：これ？　たいして…。
　⇒（そんなに　　　　　　　　　）

⑥　むしろ
　　Ａ：新しく出た計画より前の計画のほうが良かったね。
　　Ｂ：むしろね。
　⇒（これなら、かえって　　　　　　　　　　）

⑦　あえて
　　Ａ：彼女の報告は良かったけど、ほめないの？
　　Ｂ：あえてね。
　⇒（本当はほめるべきだけど、　　　　　　　）

⑧　とりあえず
　　Ａ：計画は変更しないんですか。
　　Ｂ：とりあえずは。
　⇒（まずは、　　　　　　　　）

② 気持ちや判断を表すもの

話し手の気持ちや判断を表す副詞とその使い方を覚えましょう。

✎ やってみましょう・2

※このドリルには、音声はありません。

下の（　　　）に言葉を入れて、下線部を説明する文を完成させましょう。

⇒答えは p.45

① **今さら**
　A：この計画、もう一度練り直してくれないか。
　B：<u>今さら</u>ですか。
　⇒Bは「練り直し」を（　　　　　　　　　）と思っている。

② **案外**
　A：初めて会ったけど、新しい課長、優しそうだな。
　B：<u>案外</u>ね。
　⇒Bは、新しい課長は（　　　　　　　　　）と思っていた。

③ **いずれ**
　A：ねえ、一緒に食事に行かない？
　B：<u>いずれ</u>ね。
　⇒Bはしばらくは（　　　　　　　　）つもりでいる。

④ **今にも**
　A：雨、降ってる？
　B：ううん。でも、<u>今にも</u>って感じ。
　⇒雨は（　　　　　　　　　）。

⑤ **きっと**
　A：彼はすぐ帰ってくるだろうな。
　B：<u>きっと</u>ね。
　⇒Bは、彼はすぐ（　　　　　　　　　）と思っている。

⑥ なかなか
　　Ａ：受付、すごく混んでるね。
　　Ｂ：うん…。このペースじゃ、なかなか。
　⇒Ｂは自分たちの順番がすぐ（　　　　　　　）と思っている。

⑦ ひょっとすると
　　Ａ：宝くじ、買ったんだ。当たるかな。
　　Ｂ：ひょっとするとね。
　⇒Ｂは（　　　　　　　）かもしれないと思っている。

⑧ もしかすると
　　Ａ：これは新しい発見だ！
　　Ｂ：もしかするとね。
　⇒Ｂは、可能性は（　　　　　　　）と思っている。

3 変化を表すもの

ものの状態が「どうなるか」「どうなったか」を表す副詞とその使い方を覚えましょう。

🖊 やってみましょう・3

※このドリルには、音声はありません。

下線部と同じことを意味するように、（　　）の中を完成させましょう。

⇒答えは p.46

① がらりと
　A：新しい課長が来て、職場の雰囲気、変わった？
　B：うん。がらりと。
　⇒雰囲気は（大きく　　　　　　　）。

② 相変わらず
　A：隣のマンションの工事、静かになった？
　B：相変わらずです。
　⇒工事の音は（今までと　　　　　　　　）。

③ ぐっと
　A：話し合いをして、二人の考えの距離は縮まった？
　B：ぐっと。
　⇒距離は（一気に　　　　　　　　）。

④ そろそろ
　A：新しい職場には慣れてきた？
　B：そろそろ。
　⇒（少しずつ　　　　　　　　）と思う。

⑤ ただちに
　A：部長に連絡してほしいんだけど。
　B：ただちに。
　⇒（はい、　　　　　　　　）。

30

⑥ ついに
　A：契約は取れた？
　B：ついに。
　⇒（時間がかかったが、やっと　　　　　　　　）。

⑦ めっきり
　A：寒くなったね。
　B：めっきりね。
　⇒（寒いと、はっきり　　　　　　ようになった）。

⑧ ようやく
　A：日本の生活に慣れましたか。
　B：ようやく。
　⇒（時間がかかったが、やっと　　　　　　　　）。

4 物事の状態や状況を表すもの

会話場面や話題になっている事柄の状態や状況に応じた表現を覚えましょう。ここでも、言葉に表される話し手の気持ちが大きなポイントです。

※ここでは、副詞的に使われる短い句も含めます。

✏️ やってみましょう・4

※このドリルには、音声はありません。

下線部と同じことを意味するように、（　　　）の中を完成させましょう。

⇒答えは p.46

① **あいにく**
　A：鈴木部長はいらっしゃいますか。
　B：あいにく…。

⇒残念ながら、部長は今、（　　　　　　　）。

② **改めて**
　A：部長は今、外出しておりまして…。
　B：じゃ、改めて。

⇒（　　　　　）来ることにします。

③ **なんなりと**
　A：ちょっと手伝ってほしいんだけど…。
　B：なんなりと。

⇒何でも（　　　　　　）ので、言ってください。

④ **なんとか**
　A：難しいと思いますけど、お願いします！
　B：わかりました。じゃ、なんとか。

⇒難しいけど、いろいろ（　　　　　　）たり努力したりして、やってみます。

⑤ **かえすがえす（も）**
　A：あの時、一緒に行けなくて残念だったね。
　B：かえすがえすも。

⇒Bは繰り返し（　　　　　　）に思っている。

⑥ どうにもこうにも
　A：お父さんに何度もお願いしたんでしょ。お父さん、何て？
　B：いや～、どうにもこうにも。
　⇒どうお願いしても、（　　　　　　　　）。

⑦ にっちもさっちも
　A：研究のほうは進んでるの？
　B：にっちもさっちもだよ。
　⇒どうやっても（　　　　　　　）。

⑧ 遅かれ早かれ
　A：こんな使い方をしてたら、壊れちゃうよ。
　B：遅かれ早かれね。
　⇒Bは、そのうち（　　　　　　）と思っている。

UNIT 7 会話の流れ

　会話を正しく聞き取るには、一つひとつの単語や表現を聞き取るのと同時に、話の流れをしっかりとらえることが、とても重要です。会話場面の状況を理解し、いろいろな情報をヒントにしながら、話の展開を追うようにしましょう。

やってみましょう・5

※このドリルには、音声はありません。

場面の状況や会話の流れから、下線部には、aとb、どちらが入るのが適当ですか。

⇒答えはp.46

① A：山田部長はいらっしゃいますか。
　　B：ただいま、外出中ですが…。
　　A：そうですか。では、＿＿＿＿＿＿＿＿＿＿＿＿＿
　　　｛ a：改めてごあいさつにうかがいます。
　　　　 b：改めて伝言をお願いします。

② A：この商店街は、自転車で通ったら、だめなんですか。
　　B：はい。今までは自転車通行が可能だったんですが、来月からは＿＿＿＿＿＿＿＿＿＿
　　　｛ a：自転車に乗って通れるようになりました。
　　　　 b：自転車は押して通ることになりました。

③ A：山本先生、あまりお元気じゃないみたい。
　　B：そうか…。＿＿＿＿＿＿＿＿＿＿＿＿＿
　　　｛ a：うそだろう？
　　　　 b：お見舞いに行こうか。

④ A：パソコンのケーブル、こうやって、まとめたら？
　　B：そうか！＿＿＿＿＿＿＿＿＿＿＿＿＿
　　　｛ a：いいアイデアだね。
　　　　 b：いつも困っているんだ。

⑤ A：今度の会議の司会、本田さんにやってもらおうか。
　　B：ちょっと待って。本田さんに？　＿＿＿＿＿＿＿＿＿＿＿＿＿＿＿
　　　｛a：いいね。彼なら、うまくやってくれるだろう。
　　　　b：どうかなあ。彼は緊張するタイプだからなあ。

⑥ A：いつまでこの仕事をやっているんだ！
　　B：すみません。＿＿＿＿＿＿＿＿＿＿＿＿＿＿＿
　　　｛a：もうすぐ終わる予定です。
　　　　b：たぶん来週いっぱいまでかかると思われます。

⑦ A：ちょっとそこまで来たものですから、お顔を拝見しようと思って…。
　　B：それはどうも…。＿＿＿＿＿＿＿＿＿＿＿＿＿＿＿
　　　｛a：ご面倒をおかけして、申し訳ありません。
　　　　b：わざわざお越しいただいて、ありがとうございます。

⑧ A：せっかくここまで来たんだから、田中さんち、寄って行こうか。
　　B：でも、急にお邪魔しても…。＿＿＿＿＿＿＿＿＿＿＿＿＿＿＿
　　　｛a：ご迷惑じゃないでしょうか。
　　　　b：田中さんのことだから、喜んでくれますよね。

⑨ A：僕がニンジン嫌いなことわかってるのに、また？
　　B：だって…。＿＿＿＿＿＿＿＿＿＿＿＿＿＿＿
　　　｛a：栄養あるんだよ。食べたほうがいいって。
　　　　b：好きかどうか、あまり関係ないんじゃない？

⑩ A：この花、枯らしちゃったの？
　　B：ああ、うっかりしてて…。＿＿＿＿＿＿＿＿＿＿＿＿＿＿＿
　　　｛a：あんまり好きじゃなかったから。
　　　　b：水をやるの、忘れてたの。

⑪ A：また、来週来てください。
　　B：来週はちょっと都合が悪いんですが…。＿＿＿＿＿＿＿＿＿＿＿＿＿＿＿
　　　｛a：頑張って来ます。
　　　　b：ほかの日に変えられませんか。

⑫　A：ねえ、あれ買おうよ。
　　B：しょうがないなぁ。＿＿＿＿＿＿＿＿＿＿＿＿＿＿＿＿
　　　{ a：1個だけだよ。
　　　 b：1個しかないのか。

⑬　A：この写真、私のパソコンに送ってくれない？
　　B：今日は無理だけど…。＿＿＿＿＿＿＿＿＿＿＿＿＿＿＿
　　　{ a：明日なら送れるよ。
　　　 b：明日はちょっと難しいな。

⑭　A：あんまりきれいじゃないんだけど、一応、別荘があってね。みんなでそこに泊まってみない？
　　B：へー。＿＿＿＿＿＿＿＿＿＿＿＿＿＿＿＿＿
　　　{ a：きれいじゃないんだったら、やめとくよ。
　　　 b：面白そう。泊まってみたい。

⑮　A：この旅館の一番の自慢は何ですか。
　　B：それはなんといっても、この景色です。
　　A：＿＿＿＿＿＿＿＿＿＿＿＿＿＿＿＿＿
　　　{ a：眺めのいい部屋がいいです。
　　　 b：なるほど、素晴らしいですね。

⑯　〈アナウンス〉この回が本日最終の上映となります。
　　A：あ、そろそろ行こうか。
　　B：＿＿＿＿＿＿＿＿＿＿＿＿＿＿＿＿＿
　　　{ a：ちょっと待って。最後まで見たいから。
　　　 b：ちょっと待って。何か飲み物買ってくるから。

⑱　A：健康にいいことって、何かやってます？
　　B：ああ…特にやってないですね。何かやらなきゃ、とは思ってますけど。
　　　＿＿＿＿＿＿＿＿＿＿
　　　{ a：何かやったほうがいいですよ。
　　　 b：何かやってるんですか。

⑲ A：最近、日本人の子供の名前がどんどん難しくなっている気がする。
　B：うん。漢字の組み合わせも読み方も、みんな、自由にやってるけど。＿＿＿＿＿
　｛a：いろいろあって面白い。
　　b：いいんだか、悪いんだか。

⑳ A：ここのパンケーキ、おいしいみたいだよ。よく雑誌に載ってる。
　B：でも、本当においしいから紹介されるのか、紹介されているからおいしく思うのか、どっちか、わかんないよ。
　A：確かに、マスコミに取り上げられたら、すぐ行列ができるけど、たまに「えっ？」って店もあるよね。
　B：そうそう。＿＿＿＿＿＿＿＿＿＿＿＿＿＿＿＿＿＿
　｛a：結局、自分で確かめるしかないよ。
　　b：だって、マスコミは信用できないからね。

㉑ A：これ、お隣の田中さんからいただいたケーキなの。
　B：わあ、きれい！ お店で売ってるやつみたい。
　A：あの奥さん、元々プロを目指してたんだって。
　B：へえ。さすが、＿＿＿＿＿＿＿＿＿＿＿＿
　｛a：素人とは違うね。
　　b：それだけのことはあるね。

㉒ A：もう、みんな集まった？
　B：石川君がまだ。
　A：え～？　あいつ、また遅刻？
　B：うん…。ここんとこ、続いてるよね。
　A：＿＿＿＿＿＿＿＿＿＿＿＿＿＿＿＿
　｛a：やっぱり、そういうことだったのか…。
　　b：いったい、どうしたんだろうね。

基礎編

練習問題の答えとスクリプト

UNIT 1 音の特徴を聞き分けよう

1 「っ」

🎧 聞いてみましょう・1

① 正解：a
a：あのチームは今シーズン、ほとんど失点がない。
b：ちがった視点から見てみると、もっといいアイデアが出るかも。

② 正解：b
a：この実験結果が正しいかどうかよく検証しないとダメだな。
b：まさか、決勝まで残れるとは思っていなかった。
　□ 検証(する)：実際に調べ、正しいかどうか、確かめること。

③ 正解：a
a：あの人は会社発足時からの社員だったんだよ。
b：あ〜、今の説明に補足しますが、任期は1年です。
　□ 発足(する)：組織などが作られ、活動を始めること。
　□ 任期：term of office ／任期／ nhiệm kỳ

④ 正解：b
a：突然、契約を破棄してくれって、ひどい話だな。
b：パーティーとなると、この料理の腕を発揮しなくちゃね。
　□ 破棄(する)：to repeal, to destroy ／取消、撕毀／ hủy bỏ, loại bỏ, bác bỏ
　□ 発揮(する)：／能力や魅力などを十分に出すこと。

⑤ 正解：b
a：親が子どものことを心配するのは当たり前のことでしょう。
b：一度や二度失敗したからと言ってあきらめちゃいけないよ。

⑥ 正解：b
a：あの小説家は独特の読みやすい文体で若い人たちに人気がある。
b：光りながら空を飛ぶ物体を見たという報告が相次いだ。
　□ 文体：文や文章の形、特徴。
　□ 物体：object, body ／物体／ vật thể
　□ 相次ぐ：同じことが続いて起こる。

⑦ 正解：a
a：あの作家は5回も賞の候補になってるけど、まだ受賞していない。
b：あの坂は急だし長いからお年寄りには辛いだろうな。

⑧ 正解：b
a：警察は車のトランクの中から証拠の品物を発見したって。
b：高速道路でトラックが事故を起こしたそうだ。
　□ 証拠：proof, evidence ／证据／ chứng cứ

2 「ん」

🎧 聞いてみましょう・2

① 正解：a
a：みんなにお別れパーティーをしてもらって感激したよ。
b：あの政治家は過激な発言で、いつも注目を集めている。
　□ 過激(な)：extreme, radical ／过激／ quá khích

② 正解：b
a：野党が出す法案は、ことごとく否決されちゃうね。
b：貧血気味なんだったら、食べるものにも注意しないとだめだよ。
　□ 法案：法律の案。
　□ 否決(する)：to be rejected, to be voted against ／否决／ phủ quyết

③ 正解：a
a：お支払いは現金でお願いいたします。
b：今日の先生、ちょっと元気なかったな。

④ 正解：b
a：小さな虫一匹ぐらいでそんなに悲鳴上げないでよ。
b：ご注文の際は、商品番号と品名の両方をお書きください。
  □ 悲鳴：shriek／悲鸣／tiếng la hét

⑤ 正解：a
a：真剣に話しているんだからきちんと聞きなさい。
b：試験の結果はインターネットで発表します。

⑥ 正解：a
a：首相としての初めての訪問だったが大変な歓待を受けたらしい。
b：二人は固い友情で結ばれているんだな。
  □ 歓待(する)：to be welcomingly received／款待／tiếp đãi

⑦ 正解：b
a：このエレベーターの定員は約30名でございます。
b：あの店の店員はいつも笑顔で気持ちよく応対してくれるね。

⑧ 正解：a
a：図書館は本館の裏にあります。
b：こちらの資料の保管は3年となっております。
  □ 本館：main building／主楼／tòa nhà chính

3 「゛」と「゜」

聞いてみましょう・3

① 正解：a
a：この美術館にはよく来るので年間パスを買うことにした。
b：このバス停は駅に近いからいつも満員通過で乗れないんだ。

② 正解：a
a：お客様の前に出るときは髪の毛もピンできちんと留めてください。
b：生ゴミはここに捨ててください。びんとかんは青いかごに捨ててください。

③ 正解：b
a：ちょっとこの針金を切りたいから、そこのペンチ、とって。
b：公園のベンチ、全部新しくなったね。

④ 正解：a
a：この技術でデータ処理のスピードが1000倍になります。
b：この仕事を今まで続けてこられたのは先輩のおかげです。

⑤ 正解：b
a：このいちご、1パック800円だって。高い！
b：お父さんのバッグ、もう古くなってるみたいだから、買い換えたら。

⑥ 正解：b
a：本社を移転して、事業も拡大するんだって。
b：目が悪いのは親からの遺伝だって言われていますね。
  □ 移転(する)：店や会社が場所を変えること。

⑦ 正解：a
a：私の会社は金曜日が残業ゼロの日なので、早く帰れます。
b：わたしの故郷では花の栽培が大きな産業となっています。

⑧ 正解：b
a：先日は早々に失礼してしまい申し訳ありませんでした。
b：当社では社員に創造する力を求めています。

4 「ー」

聞いてみましょう・4

① 正解：b
a：水を撒くのに使う、あれ、なんていうの？ じょうろだっけ？
b：あの店のマーク、なんかハンバーガー屋のマークに似てない？
  □ 撒く／sprinkle, scatter／散布／rải, gieo, tưới

② 正解：a
a：このカードで払ってもいいですか。
b：ポストはあの角を曲がるとあります。

③ 正解：a
a：私はカビの入ったチーズは苦手です。
b：この地図は雨にぬれても破れなくて便利なんです。

④ 正解：a
a：ビールより日本酒のほうが好きですね。
b：駅前に高層ビルができるそうだ。

⑤ 正解：a
a：忘れないように、ちゃんと聞いてくださいね。
b：遅れないように、10時に来てください。

⑥ 正解：a
a：取りに来なくても、こちらから郵送します。
b：通行止めで荷物の輸送がストップしてしまった。

⑦ 正解：a
a：ルールの改定があったので、よく読んでおくように。
b：こんな古い商品は買い手がないだろう。
　□ 改定(する)：これまでのルールややり方を変えて、新しくつくること。

⑧ 正解：a
a：駅に行くバスはここを通りますか。
b：この資格を取ると将来就職に有利らしい。

UNIT 2 音の変化を聞き取ろう

1 「て＋い⇒て」「て＋お⇒と」「て＋あ⇒た」になるパターン

🎧 聞いてみましょう・5

① 正解：a
ねぇ、この時計の電池、切れてるみたいなんだけど。
a．あ、昨日買っといたよ。
b．あ、昨日買ってたよ。
c．あ、昨日買ってったよ。

② 正解：b
あのケーキ、おいしそう。
a．あれくらい、作っとくよ。
b．あれくらい、作ったげるよ。
c．あれくらい、作ってるよ。

③ 正解：a
明日、ハイキング、傘、持ってく？
a．うん、持ってっとくよ。
b．うん、持ってったよ。
c．うん、持ってるよ。

④ 正解：a
ごめん、遅くなって。待った？
a．寒い中で待ってたんだから、晩ご飯おごってね。
b．寒い中で待っといたんだから、晩ご飯おごってね。
c．寒い中で待ってるんだから、晩ご飯おごってね。

⑤ 正解：b
テニス、できる？
a．うん、学生時代、やっておいた。
b．うん、学生時代、やってた。
c．うん、学生時代、やってる。

⑥ 正解：a
この本、その棚に入れといて。
a．うん、入れとく。
b．うん、入れといた。
c．うん、入れたげた。

40

練習問題の答えとスクリプト

⑦ 正解：b
あの、かばん、ほしい？ 買ったげよか。
a．うん、買ったげて。
b．うん、買って。
c．うん、買ってて。

⑧ 正解：b
銀行寄ってくから、先行ってて。
a．わかった。行ってく。
b．わかった。行っとく。
c．わかった。行ってて。

2 「ゃ」「ゅ」「ょ」になるパターン

🎧 聞いてみましょう・6

① 正解：b
今行かないほうがいいよ。こんな天気じゃ行けない。
a．こりゃそうだけど。
b．そりゃそうだけど。
c．ありゃそうだけど。

② 正解：a
遠くなきゃ、一緒に行くよ。
a．それが、遠いんだ。
b．それが、そうなんだ。
c．それが、一緒なんだ。

③ 正解：a
これ、一口で飲んじゃって。
a．え〜、これ全部？
b．え〜、これだけ？
c．え〜、これ一口も？

④ 正解：b
言っちゃ悪いけど、あの人、信用できない。
a．言っちゃ悪いね。
b．口が悪いね。
c．言わなきゃいいよ。

⑤ 正解：c
こんな時間じゃ、閉まってるよ。
a．遅い時間じゃ、ね。
b．早い時間じゃ、ね。
c．今の時間じゃ、ね。

⑥ 正解：c
こんなに暑くちゃ、何もする気にならない。
a．ほんと、気持ちいいね。
b．ほんと、寒いね。
c．ほんと、暑いね。

⑦ 正解：a
もう、こんな時間。行かなきゃ。
a．行ってらっしゃい。
b．じゃあ、ごゆっくり。
c．いらっしゃい。

⑧ 正解：a
名前を書かなくちゃ、間違えられるよ。
a．うん、書いとく。
b．うん、間違った。
c．うん、書いちゃった。

3 「〜て」「〜って」になるパターン

🎧 聞いてみましょう・7

① 正解：a
わかったってことだよね？
a．うん、そうだよ。
b．そうなんだ。
c．やっぱりね。

② 正解：b
一人暮らしったって、近所に親がいるんだけどね。
a．うん、そうだよ。
b．そうなんだ。
c．確かに。

③ 正解：b
もう、嵐みたいだったよ。
a．うん、そうだよ。
b．そうか…。
c．確かに。
※「〜か」は新情報への驚きの気持ちを含む表現

④ 正解：a
正夢って、夢が現実になること？
a．うん、そうだよ。
b．そうなんだ。
c．確かに。

⑤ 正解：a
帰れって、ドア閉められちゃった。
　a．怖かったね。
　b．面白かったね。
　c．大きかったね。

⑥ 正解：a
今から走ったって間に合わないよ。
　a．そんなことない。走って行こうよ。
　b．そんなことない。歩いて行こうよ。
　c．そんなことない。待ってみようよ。

⑦ 正解：a
高くたって買いたいな。
　a．ほんとに欲しいんですね。
　b．ほんとに高いんですね。
　c．ほんとにそうなんですね。

⑧ 正解：a
日曜日だって仕事に行くことがあるよ。
　a．大変ですね。
　b．知ってたんですね。
　c．言ってましたか。

④ 「ん」になるパターン

やってみましょう・1

① B、A

② D、A

③ A、C

④ C、A

⑤ A、C

⑥ d

⑦ a

⑧ b

UNIT 3 終助詞

聞いてみましょう・8

① 正解：b
暖かくなりましたね。
a．そうです。
b．そうですね。
c．そうですか。

② 正解：a
すみません。失礼ですが、田中さんですね。
a．ええ、そうです。
b．ええ、そうですね。
c．ええ、そうですか。

③ 正解：c
先生、パソコン、ここに置きますね。
a．はい、そうですか。
b．はい、そうですね。
c．はい、わかりました。

④ 正解：c
出かけるんですか。外は寒いですよ。
a．あ、そうです。
b．あ、そうですよ。
c．あ、そうですか。

⑤ 正解：a
どうして、遅れたの。
a．ねぼうしたんだよ。
b．ねぼうしたんだね。
c．ねぼうしたけど。

⑥ 正解：a
今、何時ごろですか。
a．今ですか。えーと…ちょうど12時ですね。
b．今ですか。えーと…ちょうど12時なんですよ。
c．今ですか。えーと…ちょうど12時なんです。

⑦ 正解：a
田中さん、来るのかな。
a．そうですね。わかりませんね。
b．そうですよ。わかりませんね。
c．そうですか。わかりませんね。

⑧ 正解：a
行くぞ。
a．はい、わかりました。
b．はい、わかりましたよ。
c．はい、わかりましたね。

UNIT 4 イントネーション

🎧 聞いてみましょう・9

① 正解：a
これ、どこに置いておけばいいかな。
 a．窓の下でいいんじゃない？
 b．窓の下でいいんじゃない

② 正解：a
このかばん、あなたのじゃない？
 a．私のじゃない。
 b．私のじゃない！
※bは「自分のものであること」を表し、驚きを含んだ言い方。

③ 正解：a
この本、あなたのでしょう？
 a．あ、そうだ。
 b．あ、そうね。

④ 正解：a
そのTシャツ、かっこいいね。
 a．そう（↗）。昨日、買ったんだ。
 b．そう（↘）。昨日、買ったんだ。
※bは不満や疑問を含んだ感じ。相手の発話が「このパン、硬いね。いつ買ったの？」のような内容なら、合う。

⑤ 正解：a
このレストラン、ちょっとよくない？
 a．うん、すてき。
 b．うん、まずい。

⑥ 正解：a
全部、食べちゃったの？
（＝食べてくれてうれしい気持ち）
 a．うん、おいしかったよ。ごちそうさま。
 b．え？　たべちゃ、だめだったの？

⑦ 正解：a
あ〜、また魚焦がしちゃった。
 a．え〜、またやったの？
 b．もう、できたんだ。
　　□ 焦がす：burn, singe／烤糊, 烦恼, 焦虑／thiêu, đốt

⑧ 正解：b
ねえ、アルバイト代わってくれない？　いいでしょう？
 a．いいなあ。
 b．またぁ？

UNIT 5 指示詞

聞いてみましょう・10

① 正解：a
彼の言い分も正しいんじゃないの？
a．それはそうだけど…。
b．それはこうだけど…。
c．それはああだけど…。

② 正解：a
このデザインはどうかと思うよ。
a．だめですか。
b．一番ですか。
c．こうですか。

③ 正解：c
ここのところ、どうも調子が出ないんだ。
a．そこですね。
b．よかったですね。
c．いけませんね。

④ 正解：a
先生も反対しています。それにもかかわらず…。
a．やるんですね。
b．やらないんですね。
c．わからないんですね。

⑤ 正解：b
あの人、説明したって言うんだけど、あれじゃあねえ。
a．よかったですね。
b．だめですね。
c．これですね。

⑥ 正解：c
田中さんの意見はどうかと思うな。
a．やっぱりいいですよね。
b．やっぱりわかりませんよね。
c．やっぱりだめですよね。

⑦ 正解：c
ここまで計画が進んでからあれこれ言われても…
a．よかったね。
b．参考になるね。
c．困ったね。

UNIT 6 副詞の省略表現パターン

1 YES／NO など主なもの

聞いてみましょう・11

※答えは太字の部分です。ただし、これらは一つの例です。

① 全然 **連絡がない**

② とても **できない**

③ ほとんど **来ない**

④ とても **食べられない**

⑤ そんなに **高くなかった**

⑥ これなら、かえって **前の計画のほうがよかった**

⑦ 本当はほめるべきだけど、**ほめない**

⑧ まずは今は、**変更しない**

2 気持ちや判断を表すもの

やってみましょう・2

※答えは太字の部分です。ただし、これらは一つの例です。

① Bは「練り直し」を（ **したくない** ）と思っている。
□ 練り直す：一度つくった計画や案をもう一度考える。

② Bは、新しい課長は（ **優しくない** ）と思っていた。

③ Bはしばらくは（ **一緒に食事に行かない** ）つもりでいる。

④ 今、雨は（ **降ってないが、もうすぐ降りそう** ）。

⑤ Bは、彼はすぐ（ **帰ってくる** ）と思っている。

⑥ Bは自分たちの順番がすぐ（ **来ない** ）と思っている。

⑦ Bは（ **当たる** ）かもしれないと思っている。

⑧ Bは、可能性は（ **ある** ）と思っている。

③ 変化を表すもの

✏️ やってみましょう・3

※答えは太字の部分です。ただし、これらは一つの例です。

① 雰囲気は（大きく **変わった**）。

② 工事の音は（今までと **変わらない**）。

③ 距離は（一気に **縮まった**）。

④ （少しずつ **慣れてきた**）と思う。

⑤ （はい、**すぐに連絡します**）。

⑥ （時間がかかったが、やっと **取れた**）。

⑦ （寒いと、はっきり **感じられる** ようになった）。

⑧ （時間がかかったが、やっと **慣れた**）。

④ 物事の状態や状況を表すもの

✏️ やってみましょう・4

※答えは太字の部分です。ただし、これらは一つの例です。

① 残念ながら、部長は今、（ **おりません** ）。

② （ **別の日に** ）来ることにします。

③ 何でも（ **手伝います** ）ので、言ってください。

④ 難しいけど、いろいろ（ **工夫し** ）たり努力したりして、やってみます。

⑤ Bは繰り返し（ **残念** ）に思っている。

⑥ どうお願いしても、（ **聞いてくれない** ）。

⑦ どうやっても（ **進まない** ）。

⑧ Bは、そのうち（ **壊れる** ）と思っている。

UNIT 7 会話の流れ

✏️ やってみましょう・5

正解

① a
② b
③ b
④ a
⑤ b
⑥ a
⑦ b
⑧ a
⑨ a
⑩ b
⑪ b
⑫ a
⑬ a
⑭ b
⑮ b
⑯ b
⑱ b
⑲ b
⑳ a
㉑ b
㉒ b

PART 2 対策編

第1章 課題理解

UNIT 1 会話の流れを読むパターン

1 順接型
2 逆接型
3 行きつ戻りつ型

UNIT 2 会話の中に答えがないパターン

1 消去型
2 予測・推測型
3 言い換え型
4 指示語注目型

❓ どんな問題？

「課題理解」で問われるのは「これからどうするか」——つまり、話の＊展開です。二人の会話を聞いて、その話の中から「これから何をするのか」「今からどこへ行くのか」「この後、何を選ぶのか」「誰に会うのか」などを判断します。

答えは4つの選択肢から1つを選びます。選択肢は基本的に文字で示されますが、図表で示される場合もあるかもしれません。

＊展開：広げること。物事が進み、内容が広がっていくこと。

⚙ 出題の基本パターン

出題は「文字情報」と「音声情報」の二つによります。問題用紙を開くと、問題の説明文と4つの選択肢があります。

文字情報

※この部分は文字と音声の両方です。

まず、質問を聞いてください。それから話を聞いて、問題用紙の1〜4の中から最もよいものを選んでください。

1　月曜日に来る
2　火曜日に来る
3　金曜日に来る
4　土曜日に来る

音声情報

【状況文】「この会話がどんな状況で話されているか」が流れます。

🔊 レストランで店長と女の人が話しています。

【質問文】「何を聞き取らなければならないか」が流れます。

🔊 女の人はどうしますか。

【会話文】「二人の会話」が流れます。

> M：え〜と、仕事内容はお皿を洗ってここにしまうだけ。わかるね？
> F：はい。
> M：週末はちょっと忙しいから、11時までに終わらないこともあるけどいいかな？
> F：大体何時ごろまでですか。
> M：遅くても 12 時までには終わるけど…
> F：わかりました。大丈夫です。
> M：じゃ、時間 800 円でよければ、明日からでも来てくれるかな。
> F：ありがとうございます。でも、月曜日は大学の授業があって、だめなんです。
> M：じゃ、あさってからでもいいよ。
> F：はい、ではあさってから、よろしくお願いいたします。

【質問文】「最初の質問文」がもう一度流れます。

> 女の人はどうしますか。

解き方のポイント

① 音声情報を聴く前に選択肢を見て、内容を＊予測する。
② 状況文から二人の関係を予測する。
③ 質問文で「誰の行動が問われているか」を確認し、それにつながる情報をキャッチするように聴く。2回目の質問でさらに確認!!

＊予測：to forecast ／预测／ dự báo

覚えておこう

出題が予想される場面・話題・質問

予想される会話場面

- 大学（教室・研究室・事務室）…学生と教師、学生同士、学生と事務員。
- オフィス…部下と上司、同僚同士。
- 病院…患者と医者、患者と看護師。
- 店（飲食店・電気店）…店員と客、アルバイト店員と店長。
- アパートやホームステイ先など…学生と大家・ホストファミリー・近所の人。
- 家族…夫と妻、親と子など。

予想される話題・状況

- レポートや論文…内容やテーマ、提出の方法・期限など。
- ゼミ…研究のテーマ、発表の順番など。
- 会議などの準備…会議やセミナー、展示会などの準備。配布資料や会場の準備など。
- 上司の指示…書類の修正、資料の準備、取引先や来客への対応など。
- 電話での指示や依頼…伝言、代わりの作業の依頼、修理の依頼など。
- アクシデント…体調不良、電車のトラブルなど。

予想される質問

- 女の人はこのあと、何をしなければなりませんか。
- 男の学生はこのあと何をしますか。
- 店員はこのあとすぐ何をしなければなりませんか。
- 女の人はどうしますか。

第1章 課題理解

UNIT 1 会話の流れを読むパターン

1 順接型

POINT

会話が順を追って流れていくパターンです。
メモを取れば、答えられる問題です。

In this pattern, a conversation proceeds in order from start to end. Taking notes should give you enough information to answer the question.
这是会话按顺序展开的模式，记笔记的话，是能回答上来的问题。
Là trường hợp hội thoại diễn ra theo trình tự. Loại bài này chỉ cần ghi chép là có thể trả lời được

会話の**最初**と**最後**に注意!!

EXERCISE

練習1

Disc 1 — 13

1　運送会社を探す
2　洋服を片づける
3　車で荷物を運ぶ
4　電気会社とガス会社に連絡する

Memo

練習2

Disc 1 — 14

1　コピーを10部とる
2　お茶を出す
3　新幹線のチケットを買う
4　資料のコピーを持っていく

Memo

問題スクリプトと解答の流れ

練習1　Disc 1 ⓘ 13　　　　　　　　　　　　　　　正解：2

女の人と男の人が引っ越しの話をしています。女の人は今から何をしますか。

M：わ〜、すごく散らかってるね。
F：そうなの、引っ越しするから整理してて……。
M：荷物は運送会社に**頼む**の？
F：ううん、近いから車で少しずつ運んでるんだけど……
M：でも、大変だろう……結構あるんじゃないの？
F：そうなんだけど、**頼む**と高いから…
M：安いところもあるよ。ネットで**頼んだら**さらに割り引いてくれるみたいだよ。
F：そうなんだ。じゃ、ちゃんと**調べてみる**わ。でも**まず**部屋中に散らかっているこの洋服を何とかしなきゃ。
M：それもそうだね。これじゃ、身動き取れないよ。ところで、電気会社とかガス会社には**もう**引っ越しの連絡した？
F：あ、それも**まだ**だ。することいっぱいあって、できるかな〜。
M：まったく……。**やっぱり**引っ越しはプロに頼ん**だほうが**いいって。
F：うん、考えてみるわ。

女の人は今から何をしますか。

📖 ことばと表現

- □ 散らかる：clutter／混乱／kêu vang
- □ 運送：shipping／航运／hàng hải
- □ 割り引く：discount／折扣／giảm giá
- □ 何とかする：get by with~／以某种方式／Tôi bằng cách nào đó
- □ それもそうだ：It is so, too.／就这样,过.／Nó cũng là một quá
- □ 身動きがとれない：be tied down by ~／动不动无法拍摄／Động không thể được thực hiện
- □ まったく…：「まったくしょうがないなあ」などが短くなった形。

★ 重要語をチェック！
「まず」「もう」「まだ」⇒ p.54

どんな状況？	引っ越しのための整理中で部屋が散らかっている。
何がテーマ？	たくさんの荷物をどう運ぶのか、引っ越し会社に頼むのか。
注意点と答えの選び方	今、部屋が散らかっていて、何もできない。女の人が「まず」するのは部屋の整理。

キーワードをキャッチ

「頼む」「調べる」「〜てみる」「やっぱり」「〜たほうがいい」

練習2　Disc 1 14　　　　　　　　　　　　　　正解：2

会社で、男の人が女の人に話しています。女の人は今からまず、何をしますか。

M：あ、川田君、これ3時の会議までに10部コピーして。それから、この前頼んでおいた資料できてる？

F：はい、今コピーさせているところです。

M：あ、間もなくお客様がいらっしゃって、昼食後、プレゼンするから、それまでに頼むよ。

F：はい、急がせます。

M：そうそう、お昼に行ったついでに来週月曜の朝一の新幹線のチケット買ってきてくれ。

F：行き先は新大阪で…？

M：ああ、そうだ。帰りはいいよ。禁煙席を頼むよ。

F：はい、わかりました。

（内線の呼び出し音）

…はい、お伝えします。部長、さくら商事の方がお見えになりました。

M：あ、じゃ、応接間にすぐお通しして。

F：はい、ではすぐに…。

女の人は今からまず、何をしますか。

📖 ことばと表現

☐ **間もなく**：momentarily, shortly／不久、马上／sắp sửa, chẳng bao lâu nữa
☐ **プレゼンする**：「プレゼンテーション（presentation）する」が短くなった形。
☐ **急がせる**：hurry／催促／bắt làm gấp
☐ **そうそう**：「そうだ、そうだ」を短くした言い方。
☐ **ついでに**：while you're at it, incidentally／順便／nhân tiện
☐ **朝一**：朝、一番にすること。
☐ **何とかする**：I'll work it out／设法／sẽ tìm cách nào đó
☐ **それもそうだ**：「確かにそうだ、それも確かなことだ」と、相手の言ったことに納得することを表す。
☐ **お見えになる**：「来る」の尊敬語。

★ 重要語をチェック！
「～までに（それまでに）」「すぐに」
⇒ p.54

どんな状況？	部長が社員に指示を出している。客が来る〔呼び出し音〕。
何がテーマ？	多くの指示の中での優先順位。
注意点と答えの選び方	女の人の最後の言葉「ではすぐに…」の前に男の人が言ったことは？

🔑 キーワードをキャッチ
「～させている」「～ているところ」「急がせる」「～たついでに」

重要語	使い方チェック！

練習1

まず 他より優先して先にする様子。

① ニンジンは**まず**洗って2センチに切りましょう。
② 毎朝、事務所に来たら、**まず**メールをチェックします。
③ 大学に進学するには、**まず**どんな書類が必要ですか。

もう すでに終わったことを表す。
まだ 今でも終わってないことを表す。

① お金は払った？
　　──**まだ**払っていない。
② 店、開いているかなあ。
　　──**もう**閉まってるんじゃない。
③ 雨、やんだ？
　　──ううん、**まだ**降ってるよ。

練習2

すぐに ほとんど時間をおかない様子。

① 昨日は疲れていたので、**すぐに**帰って寝ました。
② ちょっと手伝って。
　　──はい、**すぐに**参ります。
② ネットで注文したら、**すぐに**商品が届いた。

までに（それまでに） 指定された時間の範囲内に行われる様子。

① 明日は3時**までに**来てください。
② レポートの提出がまだだけど…。
　　──すみません、火曜**までに**必ず出します。
③ 父親が帰ってくる**までに**帰らないと叱られるんだ。

2 逆接型

POINT

会話の途中または最後で、話が逆転するパターンです。会話の流れを変える「でも・けれども・ところが・なのに・～からといって・～とはいうものの・そのくせ」などの逆接のキーワードに注意して、会話の流れが変わる瞬間をとらえましょう。

A pattern used in the middle or at the end of a statement to reverse the direction of the conversation. Pay attention to these contradictory keywords such as「でも・けれども・ところが・なのに・～からといって・～とはいうものの・そのくせ」that change the flow of a conversation to figure out when it is being taken in a different direction.

是用于会话中途或最后，表示逆转的一个模式。注意表示逆转「でも・けれども・ところが・なのに・～からといって・～とはいうものの・そのくせ」的关键词，抓住话脉改变的瞬间。

Là trường hợp đến đoạn giữa hoặc cuối, câu chuyện đổi theo hướng ngược lại. Chú ý các từ khóa là liên từ đối lập như「でも・けれども・ところが・なのに・～からといって・～とはいうものの・そのくせ」để nắm được thời điểm mạch chuyện thay đổi.

キーワードに注意！

EXERCISE

練習3

1 入口の機械に診察券を入れる
2 受付で初診の手続きをする
3 皮膚科に行く
4 内科の受付に紙を出す

Memo

練習4

1 ハンバーガーと5時のチケットを買う
2 9時半のチケットを買って、5分前に映画館前に行く
3 ハンバーガーを買って、5分前に映画館前に行く
4 7時20分のチケットを買って、ハンバーガー屋で待つ

Memo

問題スクリプトと解答の流れ

練習3 Disc 1 ℝ15   正解：2

病院で、女の人が男の人に話しています。女の人は今から何をしなければなりませんか。

F：すみません、皮膚科を受診したいんですが、どうしたらいいんでしょうか。

M：ご診察ですね。入口にある機械に診察券を入れてください。受付完了の紙が出てきますから、それを受診科の受付にお出しください。

F：あの…診察券ですか。

M：ええ、お持ちじゃないですか。

F：持ってます。以前に内科を受診したことがあるので…。でも今回は予約してないんですが…。

M：あ、だったら、受付で初診の手続きをしてください。保険証はお持ちですか。

F：ええ。

M：では、こちらへどうぞ。

女の人は今から何をしなければなりませんか。

ことばと表現

- 皮膚科：dermatologist ／皮肤科／ khoa da liễu
- 受診(する)：to consult a doctor ／接受诊断／ đi khám
- 診察(する)：to examine, to diagnose ／看病、检查身体、诊断／ khám bệnh
- お持ちじゃない：「持っていない」の尊敬語。
- 以前(に)：previously ／以前／ trước đây
- 内科：internal medicine ／内科／ khoa nội
- 初診：initial consultation ／初次诊察／ khám lần đầu
- 手続き：procedure ／手续／ thủ tục
- 保険証：insurance card ／保险证／ thẻ bảo hiểm

★ 重要語をチェック！
「でも」「だったら」⇒ p.58

どんな状況？ 皮膚科を受診したい女性が、受付の仕方を聞いている。

何がテーマ？ 受付の手順、一番初めに何をするか。

注意点と答えの選び方 「こちらへどうぞ」と言った男の人は女の人をどこへ案内するのか。女の人の行動は男の人の指示にヒントがある。

キーワードをキャッチ
「～したいんですが」「どうしたらいんでしょうか」「～てないんですが」

① 会話の流れを読むパターン

練習4 Disc 1 🎧16

正解：1

男の人と女の人が電話で話しています。男の人はこの後、どうしますか。

M：もしもし、今、どのへん？
F：もうすぐ高速道路の下り口。でも**ちょっとやそっとで**動き**そうにない**な。5時の映画はちょっと無理かな…。
M：**ちょっと**調べてみるよ…9時半がラストみたい。**その前**が7時20分。
F：ラストは**遅過ぎ**。その前のには間に合うと思うよ。
M：じゃ、そのチケット買っておくよ。いい？
F：うん…。あ、**ちょっと**待って、なんか、**流れ出した**みたい。
M：え、そうなの？ じゃ、**最初の予定**でOKってこと？
F：うん…ゆっくりだけど動き出したから、間に合いそう。
M：無理すんなよ。急ぐと危ないよ。
F：大丈夫よ、おなかすいたから、ハンバーガー1つ買っておいて。見ながら食べるから。
M：わかった。じゃ、**5分前**に映画館の前で待ってるよ。
F：うん。じゃ、また後でね。

男の人はこの後、どうしますか。

📖 **ことばと表現**
- □ **下り口**：高速道路の出口。
- □ **ちょっとやそっとで～ない**：「少しぐらいでは～ない」の意味。
- □ **～そうにない**：～する様子がない、～する可能性が感じられない。
- □ **遅すぎ**：「遅すぎです」のくだけた言い方。
- □ **なんか**：somewhat, indescribably／有些、好像／hơi hơi, một chút
- □ **後で**：「後で会いましょう」の意味。
- □ **ラスト**：その日の最後の回。

★ **重要語をチェック！**
「ちょっと（無理・調べる・待って）」
「～（流れ）出した」⇒ p.58

どんな状況？	女性は渋滞中の車に乗っている。二人は映画を見に行く約束をしている。
何がテーマ？	時間を表すことばと状況の変化。
注意点と答えの選び方	最初は何時の映画を見る予定だったのか。

🔑 **キーワードをキャッチ**
「ちょっとやそっとで」「～そうにない」「その前」「最初の予定」「～分前」

重要語	使い方チェック！

練習3

でも 今までの話の流れと逆になることを表す。「それでも」。

① 無理なことはわかっています。**でも**、チャレンジしてみたいんです。
② 何度も何度も探したんです。**でも**、見つかりませんでした。
③ 負けたのは残念だ。**でも**、みんな頑張ったじゃないか。

だったら 会話の中で相手に対して新たな提案をするときに使う。「もし、そうであるならば」「～なら」。

① タブレット、買おうかな。
　　──**だったら**、秋葉原に行ってみれば？
② あ、しまった！　お金下ろすの忘れてた。
　　──**だったら**、コンビニのＡＴＭがあるよ。
③ そんなに急いでるの？　**だったら**、もっと早く言ってよ。

練習4

ちょっと 大した意味や価値を持たないことを表す。「しばらく・少し・簡単に」。

① お子さん、**ちょっと**見ない間に大きくなりましたね。（しばらく）
② **ちょっと**、それは賛成しかねます。（簡単に）
③ **ちょっと**したことでけんかになったこともありました。（大した意味価値がない）

（流れ）出した 「～始める」。

① 渋滞していた車が**流れ出した**。
② 暗いと思っていたら、雨が**降り出し**ましたね。
③ 赤ん坊は私の顔を見るなり、**泣き出して**しまった。

③ 行きつ戻りつ型

POINT

会話の途中で話が「元に戻ったり」「先に進んだり」を繰り返すパターンです。会話の流れを変えるキーワードに注意します。

In this pattern, a conversation will return to the beginning or skip ahead mid-conversation. Pay attention to keywords that change the flow of conversation.
这是会话中途要说的话「返回原来」或「继续进展」的模式。注意改变话脉的关键词。
Là trường hợp đến giữa đoạn hội thoại, câu chuyện cứ "lặp lại" rồi "tiến lên". Chú ý tới những từ khóa dẫn ngược lại mạch hội thoại.

話の**流れ**に**ついていけ**！

EXERCISE

練習5

1　商品価格を一覧表にする
2　タイトル文字の色を変える
3　商品写真を裏面にする
4　地図を上に持ってくる

Memo

練習6

1　先生の授業に出席する
2　論文のテーマを考えなおす
3　論文のテーマを絞って先生に見せる
4　資料を印刷する

Memo

問題スクリプトと解答の流れ

練習5　Disc 1 R 17　　　　　　　　　　　　　　　正解：2

会社で、男の人と女の人が案内チラシについて話しています。女の人は今からどういう指示をしますか。

F：部長、展示会の案内チラシのレイアウトなんですが、業者が持ってきたので見ていただけますか。
M：どれどれ…。うーん、**タイトルの字が小さい**な。これじゃ、目立たないよ。これが大事なのに…。
F：情報が多くて、全部入りきらないらしいんです。
M：会場までの地図を上に持ってくればどうかな？
F：そうすると、商品写真が裏面になってしまうんです。
M：そりゃ、まずいな。だったら、地図はこのままで、中の文字をもう少し小さくするか。
F：**いっそ**、価格を一覧表にしてまとめてはどうしょうか。
M：でも、**やっぱり**こっち**のほうが**見**やすい**よ。**さっき**言っ**たように**、ここをもっと目立たせてもらって…。そう、ここの色を変えればいいんじゃないかな。
F：わかりました。じゃ、さっそく業者に連絡します。

女の人は今からどういう指示をしますか。

📖 ことばと表現

- □ **案内チラシ**：leaflet, flier／商业印刷广告／tờ quảng cáo
- □ **レイアウト**：layout／版面设计／bố cục
- □ **業者**：trader, vendor／行业／đại lý
- □ **まずい**：よくない。問題だ。
- □ **このまま**：without any changes／就那样、原封不动／để nguyên
- □ **一覧表**：list／一览表／danh sách
- □ **まとめる**：To summarize, to organize,／归纳、总结／tóm tắt
- □ **目立たせる**：To emphasize, to make ~stand out／引人注目／nổi bật

★ 重要語をチェック！
「やっぱり」「さっき」⇒ p.62

どんな状況？	社内で、女性社員が部長に展示会の案内チラシのレイアウトを見てもらっている。
何がテーマ？	部長の判断と、女性社員のこれからの指示。
注意点と答えの選び方	男の人がチラシを見てはじめに言ったことは何？

キーワードをキャッチ
「いっそ」「〜のほうが〜」「〜やすい」「〜たように」

① 会話の流れを読むパターン

練習6　Disc 1 - 18　　正解：4

女子学生が大学で先生と話しています。女子学生はこれから何をしなければなりませんか。

F：（ノック）失礼します。今、よろしいでしょうか。
M：ああ、いいですよ。どう？ その後、論文のほう、進んでる？
F：実は…テーマが広すぎて、まとまりがつかなくて…。別のテーマで一から考えて**ようかと**…。
M：今からテーマを変える**にしては**、もう時間がないんじゃないかなあ。
F：**かといって**、どう絞っ**ていったら**いいか…。
M：ん〜、今考えてすぐ結論が出る話**でもないだろ**から、夕方4時にもう一度来てくれる？ これから授業があるんだ。その時に今までの資料も見せて。
F：あ〜、自宅に置いてきてしまいました。…あ、でも、USBに入れていますから、図書室でプリントしておきます。では、4時に伺います。
M：うん。じゃ、後で。

女子学生はこれから何をしなければなりませんか。

📖 ことばと表現
- まとまりがつく：to become organized／有系统／thống nhất
- 実は：actually／实际上／thực ra
- 絞る：to squeeze, to narrow down／针对／tập trung
- 一から：最初から。

★ 重要語をチェック！
「〜にしては」「かといって」⇒ p.62

どんな状況？	大学の先生の部屋で、女子学生が先生と論文のことについて相談している。
何がテーマ？	今手がけている論文のテーマをどうするか、女子学生のこれからの行動。
注意点と答えの選び方	先生は今から授業。女子学生はその間に何をする？

キーワードをキャッチ
「〜ようかと」「〜ていったら」「〜でもないだろう」

重要語	使い方チェック！

練習5

さっき 少し前の時間を示す。「先ほど」。

① **さっき**食事したのに、もうおなかがすいてきちゃった。
② 田中先生は？
　　——**さっき**帰られました。
③ **さっき**の人、山田さんの娘さん？　大きくなったわね。

やっぱり 以前から思っていたとおり、前と同じ様子。「やはり」のくだけた言い方。

① あの店の商品は、セールになっても**やっぱり**高い。
② **やっぱり**温泉はいいな。疲れがとれるよ。
③ もしかしたら合格するかもしれないと思ったけど、**やっぱ**ダメだったか。

練習6

〜にしては 仮定したことに現実が合わない様子を表す。

① ダイエットに大金を使った**にしては**、効果があまりなかった。
② 勉強した**にしては**、あまり成績がよくないね。
③ 彼は日本人**にしては**英語の発音がきれいだね。

かといって 「前に述べたことを理由に、後に述べることには結びつかない」ことを表す。「だからといって」。

① あ〜、やせたい。**かといって**、おいしいものも食べたいし…。矛盾してるわ。
② この作業、面倒くさいな〜。
　　——**かといって**、手を抜いたら、ばれちゃうよ。
③ あいつとはもう口も利きたくない。
　　——**かといって**、同じ職場なんだから、そういうわけにもいかないだろう。

第1章 課題理解

UNIT 2 会話の中に答えがないパターン

1 消去型

♪ POINT

会話を聞きながら、質問に合わない情報を消去していくと、最後に答えにたどり着くパターンです。

This pattern is used when listening to something being said and eliminating possibilities that do not match the question in order to finally arrive at an answer.

是表示边听边消除不符合提问的情报，最后得出答案的模式。

Là trường hợp vừa nghe đoạn hội thoại, vừa loại bỏ những thông tin không phù hợp với câu hỏi để cuối cùng đến được câu trả lời.

不必要な情報は 消去！

EXERCISE

練習7　Disc 1　19

1　データを用意する
2　資料のコピーをする
3　飲み物を片付ける
4　スクリーンを片付ける

Memo

練習8　Disc 1　20

1　今頼んでいる人を2時間ごとに分けて依頼しなおす
2　新しく大学祭当日に手伝ってくれる人を探す
3　昼時に焼きそばを手伝ってくれる人を探す
4　今頼んでいる人数は多すぎるので、何人か減らす

Memo

問題スクリプトと解答の流れ

練習7　Disc 1　19

正解：3

会社で男の人と女の人が話しています。男の人は今から何をしますか。

F：会議の用意は終わった？　ホワイトボードもあるわね。
M：はい。
F：資料のコピー、大丈夫？
M：はい、**余分にコピーしてあります**。
F：あ、**飲み物はいらないわ**、すぐ終わると思うから。
M：あ、そうですか。
F：あれ？　データは、どうやって見せるの？
M：あれは**映し出すだけでいいって**。
F：じゃ、スクリーンは？
M：ホワイトボードに写しますから…。
F：あ、そう。

男の人は今から何をしますか。

📖 **ことばと表現**
- ホワイトボード：whiteboard ／白板／ bảng trắng
- 余分に：extra ／多余／ dư thừa
- データ：data ／資料／ dữ liệu
- 映し出す：to display ／映出／ chiếu lên
- スクリーン：screen ／銀幕、萤幕／ màn

★ 重要語をチェック！
「～てあります」「～って」⇒ p.66

どんな状況？　「データ」「資料」「飲み物」「スクリーン」から「会議の準備」を予測する。

何がテーマ？　男性社員のこれからの行動。

注意点と答えの選び方
- 会議に必要か、これから準備する必要があるか、がポイント。会話を聞きながらメモを取り、要・不要をチェック。
- 資料はすでにコピー済みだから不要、データは「ホワイトボードに写すだけでいい」から不要。今、二人の前にあるものは「飲み物」と「ホワイトボード」で、女の人は「飲み物はいらない」と言っている。
- 「スクリーン」は初めからここにはないものなので消去。

キーワードをキャッチ
「余分にコピーしてあります」「飲み物はいらない」「映し出すだけでいい」

② 会話の中に答えがないパターン

練習8 Disc 1 20

正解：1

大学で男の学生と女の学生が話しています。女の学生は今から何をしますか。

F：大学祭当日に手伝ってくれる人の最終確認をしているんだけど…。**焼きそばに20人、展示コーナーに10人の計30人**は確保できてるんだけど、どうかな。
M：そんなにいる？ あまり人が多いと、かえって混乱するよ。
F：だって、昼時なんか、20人でも手が回らないよ、きっと。
M：だけど、食材はあらかじめ下ごしらえしてあるわけだし、容器は使い捨てだし、**焼きそばを作る人3人と、客の応対する人3人**ぐらいでいいんじゃない？
F：それだと休憩も取れないじゃない。
M：だから、**2時間ごとに交代**で頼んでおけば？ 展示コーナーも狭いんだから、**せいぜい4人**ぐらいでいいんじゃない？
F：そうか…。じゃ、**10時から12時、12時から14時、14時から16時に分けて**っと…。**さっそく**やってみるわ。

女子学生は今から何をしますか。

ことばと表現
- 当日：on the day／当天／trong ngày
- かえって：rather than／反而／trên thực tế
- 昼時：昼の時間。特に昼食を食べる時間。
- 手が回らない：忙しくてほかのことができない。
- あらかじめ：in advance／预先、在先／trước
- 下ごしらえ：主な作業に入る前にその準備をしておくこと。
- 使い捨て：disposable／一次性使用／dùng một lần rồi vứt đi
- 休憩をとる：to take a break／休息／nghỉ ngơi

★ 重要語をチェック！
「せいぜい」「早速」⇒ p.66

どんな状況？ 大学祭で手伝ってくれる人の人数についての相談。女子学生と男子学生の意見が食い違っている。

▼

何がテーマ？ 男子学生の意見に従って女子学生が取る行動。

注意点と答えの選び方
- 女子学生と男子学生の意見のメモを取り、人数を確認。
- 大きな違いは、男子学生の意見が「2時間ごとに担当を分ける」という方法をとること。
- 女子学生は〈1日に20＋10〉で計30人、男子学生は〈2時間ごとに6＋4〉×3回で計30人という考え。延べ人数は同じだが、時間で分けたほうがいい、と確認。

キーワードをキャッチ
「焼きそばに20人、展示コーナーに10人の計30人」「焼きそばを作る人3人と、客の応対する人3人」「2時間ごとに交代」「せいぜい4人」「10時から12時、12時から14時、14時から16時に分けて」

重要語	使い方チェック！

練習7

〜てあります 準備した状態がある様子。

① パーティーをするので、ワインやビールが冷やし**てあります**。
② 答案用紙には名前が書い**てあります**か。もう一度確認してください。
③ 会議の時間が変更になったことは？　はい、伝え**てあります**。

〜って。 「〜と」のくだけた言い方。また、「〜と言いました。」「〜という」が短くなった形。

① 明日は今日より寒くなる**って**、予報で言ってたよ。
② お兄ちゃんは？
　——今日は帰りが遅くなる**って**。
③ 来月から電気代が上がる**って**話、知ってた？

練習8

せいぜい 仮定する数字の上限を表す。「多く見積もっても」。

① この会場なら、**せいぜい**30名も入ればいっぱいになるね。
② これいくらだと思う。
　——素材が悪いから、**せいぜい**2000円ぐらいかな。
③ このくらいの仕事なら、**せいぜい**3日もあればできますよ。

早速 できるだけ早く、急いでする様子。

① メールを送ったら、**早速**、返事が返ってきた。
② それはいいアイデアだね。**早速**、実行に移してみよう。
③ あ〜、おなかがすいた！　頂上に着いたら、**早速**、昼ごはんだ！

2 予測・推測型

POINT

質問文から誰の行動を予測するかを特定します。会話文ではその人の心情を捉え、それから行動を予測します。

自分に**置き換えて**考えろ!!

When used as a question, this pattern is used to predict someone's actions. When used in conversation, it is used to perceive someone's mental state and predict their actions as a result of it.

从问句中特定预测是谁的行动。在会话中抓住其人的心理，然后预测其行动。

Từ câu hỏi đoán xem là hành động của ai. Qua đoạn văn hội thoại, nắm bắt tâm trạng người đó và suy đoán hành động.

EXERCISE

練習9

Disc 1 - 21

1　電車の忘れ物コーナーに行く
2　家に帰る
3　バッグの中を探す
4　大学内のコンビニに行く

Memo

練習10

Disc 1 - 22

1　野菜しか食べられない人がいることを宿に連絡する
2　肉しか食べられない人たちを一緒の宿にする
3　野菜が食べられない人たちを一緒の宿にする
4　宿泊者を19人と15人に分けて宿に連絡する

Memo

問題スクリプトと解答の流れ

練習9　Disc 1　21

正解：4

大学の教室で、男の学生と女の学生が話しています。女の学生は今からどうしますか。

M：今日、提出だったよな、田中先生のレポート。今どき、手書きはないよな〜。ねえ、何枚書いた？

F：一応、5枚。

M：すごいな。僕は3枚しか書けなかった。見せて。読んでもいい？

F：うん、いいよ。

M：あれ？　4枚<u>しかない</u>よ。

F：うそ！　家に置いてきたのかなあ。

M：バッグの中、もう一度見てみたら？

F：ないなあ…。ぜったい朝、確認して**バッグに入れたはず**。**電車の中でも読み直したし**…。**学内のコンビニで保存用にコピーとって**…。

M：コピー見せて。

F：うん。…ほら、ちゃんと5枚あるでしょ。あっ、もしかしたら…。ちょっと待ってて。

女の学生は今からどうしますか。

ことばと表現

- 手書き：handwriting ／手写／ viết nháp
- 一応：just in case, tentatively ／基本上／ dù sao
- 読み直す：to reread ／重新读／ đọc lại
- ちゃんと：properly ／好好地、确实／ đàng hoàng

★ 重要語をチェック！
「〜しかない」「〜（た）はず」⇒ p.70

どんな状況？ 女子学生が5枚のレポートのうちの1枚をなくした。

何がテーマ？ 女子学生がどこに探しに行くか。女子学生のこれからの行動。

注意点と答えの選び方
・女子学生の朝からの行動からレポートの行方を追う。
・〈コピーが5枚ある〉ということは〈「コンビニでコピーをとった」時、レポートはあった〉ということ。そこから〈女子学生はコピー機に原稿を忘れてきた〉と推測する。

キーワードをキャッチ
「バッグに入れた」「電車で読んだ」「大学生協でコピーをとった」

練習 10 Disc 1 - 22

正解：4

大学の教室で、男子学生と女子学生が話しています。女子学生は今から何をしますか。

M：来月のゼミ旅行の宿はとれたの？
F：うん、何とか…。でも、25人以上泊まれるところがなくて…。だから、20人と14人に分かれてもらうんだけど…。
M：仕方ないね。田舎の旅館だし…。でも、ミーティングは？
F：それは村の集会場を確保した。で、分け方なんだけど、一応、学年で分けていいかな。
M：それでいいんじゃない？ それはそうと、何人か<u>野菜しか食べられない人がいた</u>んじゃない？
F：うん、15人ね。<u>それも手配済み</u>。あ、そうか、<u>その人たちを一緒の宿にしたほうが何かと便利</u>かも…。
M：<u>そうは言っても</u>、結局、夜は飲めるやつらが集まるんだけどね。
F：まあ、<u>それはそれ</u>。じゃ、ちょっと<u>メンバー組み直してみる</u>わ。

女子学生は今から何をしますか。

ことばと表現

- ゼミ旅行：ゼミのクラスで行く研修・勉強会のための旅行。
- 宿をとる：to book a hotel／订住宿／thuê nhà trọ
- 集会場：gathering place／集会場所／nơi tụ tập
- 確保する：to secure／确保／đặt trước
- 一応：just in case, tentatively／基本上／tạm thời
- 何かと：いろいろな場合に、いろいろな意味で。

★ 重要語をチェック！
「そうは言っても」「そうはいっても」
「それはそれ」⇒ p.70

どんな状況？ 女子学生と男子学生がゼミ旅行の相談をしている。

何がテーマ？ 何人に分かれて宿泊するか。女子学生のこれからの行動。

注意点と答えの選び方
- 宿泊場所の人数制限と、ゼミ旅行の参加人数を聞き取り、メモする。
- 肉が食べられない人は15人。女子学生はその15人をまとめようという考えであることに注目。
- 参加人数は34人。15人を同じ宿にしたら、〈15人と19人に分けて宿泊する〉と推測できる。

キーワードをキャッチ
「野菜しか食べられない人がいた」「それも手配済み」「その人たちを一緒の宿にしたほうが何かと便利」「メンバー組み直してみる」

重要語　使い方チェック！

練習 11

～しかない　～の数や～の方法だけ。

① 冷蔵庫に卵**しかない**から、野菜買ってきて。
② ぼくは５人兄弟の３番目、男**しかいない**から、けんかが絶えなかったよ。

～（た）はず　確信を表す。「～にちがいない」。

① あれ？　めがね、ここに置い**たはず**なんだけど、ないなあ。
② 完全に覚え**たはず**でも、いざとなると思い出せないものだ。

練習 12

それはそうと　会話の流れを変えるときの表現で、「今までの話からは離れて」という意味。「ところで」。

① この資料、見る？　ありがとう。
――**それはそうと**、田中先生、来年、退官だって。
② 買い物に行くけど、なんか買ってくるものある？
――いいよ、ありがとう。**それはそうと**、田中さんに電話してくれた？

そうは言っても　相手が言ったことに対し、ソフトに反論するときの表現。

① 合格するには勉強するしかない！
――**そうは言っても**、一日中、勉強はできないし…。
② １週間くらい、のんびり旅行がしたいね。
――**そうは言っても**、お金も必要だからね。

それはそれ　その話はまた別。

① あの店、まずいのに，みんなよく行くな。
――**それはそれ**。みんな、有名な店に一度は行ってみたいのよ。
② 贈り物なら本当に役に立つものを贈りたいな。
――**それはそれ**。今は値段と相談よ。

② 会話の中に答えがないパターン

③ 言い換え型

POINT

答えは会話文の中に現れていますが、選択肢とは違う言葉で表現されています。

An answer to a question is contained with this pattern, but is expressed in different words from the choices given.
虽然答案表现在会话文中，但使用与选项不同的词语来表达。
Câu trả lời nằm trong đoạn văn hội thoại nhưng được thể hiện bằng từ ngữ khác với lựa chọn đáp án.

語彙力も必要!!

EXERCISE

練習 11

Disc 1　23

1　野口さんに辞書を借りる
2　野口さんに辞書を返す
3　図書館で辞書を借りる
4　辞書を使って、図書館に返す

Memo

練習 12

Disc 1　24

1　寝る前に食事をしない
2　寝る前に酒を飲まない
3　仕事の量を減らす
4　タバコの量を減らす

Memo

問題スクリプトと解答の流れ

練習 11　Disc 1 R23　　　　　　　　　　　　　　　正解：4

教室で男の学生と女の学生が話しています。男の学生は今からどうしますか。

M：ごめん、この辞書、ちょっと借りてもいい。

F：いいよ、もう使わないから。でも、それ、**私のじゃないんだ。野口さんに借りたから**…。

M：あ、じゃ、使っちゃまずいかな？

F：いいんじゃない？**図書館で借りて、今日中に返却しなきゃって言ってたから。**

M：じゃ、後で返却しとくよ。いいかな、それで。

F：うん、そうして。私もどうし**ようかと思ってた**んだ。今からバイトあるし…。野口さんにはそう言っとくわ。

M：うん、ありがとう、お願い。

男の学生は今からどうしますか。

📖 ことばと表現

- □ 〜っちゃ：「〜ては」が変化したもので、話し言葉の形。
- □ まずい：よくない。問題だ。
- □ 返却する：借りたものを返すこと。
- □ 〜とく：「〜ておく」が変化したもので、話し言葉の形。

★ 重要語をチェック！
「〜なきゃって言ってた」「〜ようかと思ってた」⇒ p.74

どんな状況？ 教室での辞書の貸し借り。

何がテーマ？ 男の学生のこれからの行動。

注意点と答えの選び方 会話の中に「野口さん」という第三者が現れることに注意。「返却」＝「返す」で、男の学生は「図書館に返却しておく」と言っている。

キーワードをキャッチ
「（辞書は）私の（＝女の学生の）じゃない」「野口さんに借りた」「（野口さんは）図書館で借りて今日中に返却」

② 会話の中に答えがないパターン

練習 12 Disc 1 R 24

正解：2

病院で、男の人と医者が話しています。男の人は今後どうしなければなりませんか。

F：どうしましたか。
M：最近、よく**眠れない**んです。寝つきはいいんですが、**何度も目が覚めて**しまって…。
F：何か生活環境で変わったことはありますか。**不眠**の原因は不規則な生活、ストレス、体の冷え、年齢的なものなど、さまざまですが…。
M：夕食は早めに済ませる**ように して**いますし、タバコはやめましたし…。眠れないので、最近は**ワインを飲んで寝るように して**います。ちょっとは効果があるような気がしています。
F：そうですか。でも、**それはやめたほうがいい**ですよ。飲酒は**浅い眠りの原因**になりますから。
M：ベッドに入ったら、仕事のことばかり考えるんです。少し飲んだら気分がいいんですが…。
F：食事のときはいいですが、就寝前はやめましょう。仕事のことは、ある程度は仕方がないけど、家に帰ったらなるべく考え**ないようにしましょう**。
M：はい、わかりました。ありがとうございました。

男の人は今後どうしなければなりませんか。

ことばと表現

- **寝つきがいい**：ベッドに寝て、すぐに眠れること。
- **生活環境**：living environment／生活环境／môi trường sinh hoạt
- **不眠**：眠れないこと。
- **ストレス**：stress／精神压力／căng thẳng
- **飲酒**：酒を飲むこと。
- **就寝前**：寝る前。

★ 重要語をチェック！
「～ようにする」「～ないようにする」
⇒ p.74

どんな状況？	病院で男の人が自分の症状をうったえている。
何がテーマ？	医者の話を聞いて、男の人が今後何をするか。
注意点と答えの選び方	同じ意味のことばに注意⇒「眠れない＝不眠」「（ワインを）飲む＝飲酒」「ベッドに入る＝就寝前」。男の人がすでに実行していることの中で、医者から止められたことは何か。すぐにやめられることと、そうでないことにも注意。

キーワードをキャッチ：「眠れない」「何度も目が覚めて」「不眠」「ワインを飲んで寝る」「それはやめたほうがいい」「浅い眠りの原因」

| 重要語 | 使い方チェック！ |

練習 11

〜なきゃって言ってた 「〜なければならないと言っていました」が短くなった形。

① おかあさんは？
　——今、出かけてる。3時までに銀行に行か**なきゃって言ってた**から。
② 前に会った時、ダイエットし**なきゃって言ってた**けど、少しはやせた？
③ 早く本社にファックス送ら**なきゃって言ってた**けど、送ったの？

〜ようかと思ってた 話し手が〜する意志があったことを表す表現（〜する意志があるが、まだしていない状態）。

① 今度の旅行、やめ**ようかと思ってた**。でも、やめなくてよかった。
② 連絡がないから、こっちから連絡し**ようかと思っていました**。
③ あまりに遅いから、もう帰ろ**うかと思っていた**ところよ。

練習 12

〜ようにする 〜ことを目指して、できるだけ努力する。

① 日本人と日本語で話す**ようにしたら**、早く上手になりますよ。
② 健康のために *塩分を控える**ようにしてください**。
　*塩分：物の中に含まれる塩の量。
③ 便利になるだけじゃなく、みんなが安心して暮らせる**ようにする**ためにも、この道路建設は必要です。

〜ないようにする 「〜ない」ことを目指してできるだけ努力する。

① タバコは体に悪いので、吸わ**ないようにしています**。
② お客さま、展示品には触ら**ないようにお願いいたします**。
③ モデルは太ら**ないようにする**ために、厳しい食事制限をするそうだ。

④ 指示語注目型

POINT

「これ」「それ」「あの」「ここ」「そこ」などの指示語が鍵になります。指示語が示すものは、会話の中で変わっていくことがあるので、注意が必要です。

コ・ソ・アに注目！

This pattern is based around demonstrative words such as 「これ」「それ」「あの」「ここ」「そこ」. What the demonstrative word refers to may change during the course of conversation, so care is needed.

「これ」「それ」「あの」「ここ」「そこ」等指示词是关键词。注意所指内容在会话中有发生改变。

Các từ chỉ định như 「これ」「それ」「あの」「ここ」「そこ」 sẽ là chìa khóa. Thứ mà từ chỉ định chỉ định đôi khi sẽ thay đổi trong đoạn hội thoại nên cần phải chú ý.

EXERCISE

練習 13

1　用紙の作成
2　用紙のメール送信
3　回答の分析
4　情報の入力

Memo

練習 14

1　今ここにある机を全部片付ける
2　倉庫の中にある長机を全部出す
3　いすを横5つ、縦15に並べる
4　ボードを事務所に運ぶ

Memo

問題スクリプトと解答の流れ

練習 13　Disc 1 R 25　　　　　　　　　　　　　　正解：4

大学で、先生と女の学生が言語調査について話しています。女の学生はこのあと何をしますか。

M：今、若者言葉の言語調査をしているんだけど、よかったら、手伝ってくれない？

F：はい、何をすればいいでしょうか。

M：え～と、まず…調査用紙の作成、これは終わってるから、**後は**印刷して郵送するんだけど、これはあまり**数はない**んだ。メールで送るのがほとんどだから。

F：アドレスがわかっているのなら、その入力をしますが…。

M：いや、**それより**、戻ってきてから分析をしてもらいたいんだけど、**その前に**年齢、性別とかの情報を入力しなきゃなんなくてね。それが結構、面倒なんだ。それを手伝ってほしいんだけど、どうかなあ。

F：わかりました。

女の学生はこのあと何をしますか。

📖 ことばと表現

- **若者言葉**：主に10代後半から20代の若い人が使い、ほかの世代の人はあまり使わない言葉。
- **言語調査**：language survey／语言调查／điều tra ngôn ngữ
- **作成（する）**：書類などを作ること。
- **結構**：かなり。
- **数はない**：「数は多くない」という意味。
- **入力（する）**：to enter, to type／输入／nhập

★ 重要語をチェック！
「後は」「その前に」⇒ p.78

どんな状況？　大学で先生が女子学生に言語調査の手伝いを頼んでいる。

何がテーマ？　女子学生がどんな手伝いをすることになるのか。

注意点と答えの選び方
「これ・それ」は、すぐ前のことばや事柄を指すことが多い。言語調査の手順について、指示語に注意して選択肢の横にメモをとる。⇒ 例 1 終わっている　2 それより　3 手伝ってほしい　4 その前に
会話の後半、「戻ってきてから」とは「回答」のこと。分析の前の入力を手伝ってほしいと言っている。

キーワードをキャッチ
「数はない」「それより」

② 会話の中に答えがないパターン

練習 14 Disc 1 ℝ 26

正解：4

大学の講堂で、男の学生と女の人が話しています。男の学生は今から何をしますか。

M：あのう、説明会場の設営の手伝いに来たんですけど…。
F：ああ、ありがとう。さっそくだけど、この机を全部片付けて、倉庫の中にある長机を出してくれる？
M：あれ、全部ですか。
F：そう。あ、**その前に**これ——誰が出したのかな、このボード、事務所に運んでくれる？ そのうち誰か片付けると思ってたんだけど、邪魔になっ**てしょうがない**から。
M：それは昨日から出してありました。それで、あれはどう並べるんですか。
F：横5つ、縦15にしてくれる？ いすもお願い。一つの机に3つずつ。そんなにいらないか…2つでいいわ。
M：これ、僕一人でするんですか。
F：まさか。もうすぐ助っ人が来るから、その人たちにも伝え**てちょうだい**。
M：わかりました。じゃ、**まず先に**これを…。

男の学生は今から何をしますか。

ことばと表現

- 設営（する）：to set up ／经营／ chuẩn bị
- さっそく：immediately ／立即／ ngay bây giờ
- まさか：I can't believe it ／怎么能、难道 ／ không ngờ
- 助っ人：仕事に協力してくれる人。
- 指示（する）：to give instructions ／指示 ／ chỉ thị

★ 重要語をチェック！
「〜てしょうがない」「〜てちょうだい」
⇒ p.78

どんな状況？ 男子学生が会場設営の手伝いをしている。

何がテーマ？ 男子学生のこれからの行動。

注意点と答えの選び方
指示語の使い方に、目の前にあるものを指す場合（例 この机）と、会話の中の言葉や内容を指す場合（例 その前に）があることに注意。また、同じものを指す指示語が、話し手によって異なる場合（例 このボード、それ）もあることにも注意。
1、2、4は指示されたこと。3はいすではなく机の話。男の人がすることは、今ある机を片付けて、倉庫の中の長机を出して並べること。その前に「ボード」を事務所に運ばなければならない。

キーワードをキャッチ
「その前に」「まず先に」

| 重要語 | 使い方チェック！ |

練習13

後は この後は。後のことを心配したときなどに使う。

① 準備は整ったから、**後は**お客さんが来るのを待つばかりです。
② お先に失礼します。**後は**よろしくお願いします。
③ 店長が辞めたら、**後は**誰が引き継ぐんですか。

その前に それをする前に。それより優先することがある、と言いたいときに使う。

① 新しくできた本屋に行ってみない？
　——いいけど、**その前に**ちょっと休憩しない？
② ただいま〜。あ、ドーナツだ。１個もらうよ。
　——**その前に**ちゃんと手を洗って。
③ ここはいつも汚いね。ゴミ箱を増やす？
　——**その前に**ゴミを出させないことを考えるべきだよ。

練習14

〜てしょうがない その気持ちや状態が続き、終わらない、抑えることができない。

① ルームメートが帰国してしまい、さびしく**てしょうがない**。
② この会社、全社員で海外旅行もするんだって。
　——へー、儲かっ**てしょうがない**んだね。
③ 夕方は道が込むから、移動に時間がかかっ**てしょうがない**。

〜てちょうだい 「〜てください」のくだけた言い方。会話で、友達や目下の人に使う。

① ちょっと待っ**てちょうだい**。すぐに用意するから…。
② 昨日はごめんなさい。私が言ったことは忘れ**てちょうだい**。
③ これは大切なものなんだから、気をつけて運ん**でちょうだい**。

PART 2 対策編

第2章 ポイント理解

UNIT 1 ５Ｗ１Ｈを聞き取るパターン

1-a ダイアローグ（会話形式）

1-b モノローグ（スピーチ形式）

UNIT 2 条件を聞き取るパターン

1-a ダイアローグ（会話形式）

1-b モノローグ（スピーチ形式）

❓ どんな問題？

「ポイント理解」では、重要なことを相手に伝え、理解してもらうための説明が中心になります。この問題で聞かれるのは、「疑問詞を使った質問」つまり「５Ｗ１Ｈ」（いつ・どこで・だれが・なにを・なぜ・どのように）です。それに加えて、「一番〜・最も〜」「〜の場合・〜について」「今・来週」などの条件が付くこともあります。答えは４つの選択肢から一つを選びます。

⚙️ 出題の基本パターン

問題の出題方法は「文字情報」と「音声情報」の二つによります。問題用紙を開くと、問題の説明文と４つの選択肢があります。

文字情報

※この部分は文字と音声の両方です。

この問題では、まず質問を聞いてください。そのあと、問題用紙のせんたくしを読んでください。読む時間があります。それから話を聞いて、問題用紙の１から４の中から、最もよいものを一つ選んでください。

1　いつものホテルが満室だから
2　いつもホテルが建替え中だから
3　新しいホテルがオープン記念中だから
4　新しいホテルの隣が工事中だから

音声情報

【質問文】まず質問が流れます。ここで、どんな疑問詞が使われているのかを聞き取ります。不要な情報は聞き流します。

🔊 男の人は**どうして**東京出張のホテルを変えたのですか。

【会話・スピーチ文】二人の会話か一人の話が流れます。

🔊
F：東京出張のホテルの予約ができましたので…。
M：ありがとう。いつものホテル？
F：いいえ。あそこは今、北隣のビルが工事中なので、うるさくないかと思って、初めてのホテルなんですが…。
M：そう…。反対側の部屋なら、うるさくないんじゃないかな。
F：そう思ったんですが、そちら側の部屋は満室で…。やはり、いつものところがいいでしょうか。
M：慣れてるからね。でも、寝られないのも困るしな。
F：工事は昼間だけということですが、ただ、こちらのホテルは今、オープン記念でデラックスルームがスタンダードの値段で泊まれるらしいんです。
M：ほう、それはいいな。じゃ、泊まってみるかな。

【質問文】再度質問文が流れます。問題に対する答えが正しく聞き取れていたかを確認します。

🔊
男の人は**どうして**東京出張のホテルを変えたのですか。

🔑 解き方のポイント

① 音声情報を聞く前に「選択肢」に目を通しておく。
② 質問文を聞いた後、再び選択肢を確認。これから流れる会話・スピーチの内容を予測する。
③ 会話文を聞きながら、質問、特に疑問詞（これがポイント！）とのつながりを追っていく。関係の強そうなことば、情報はメモを取る。
④ その後、もう一度、質問文が流れるので、再確認する。

覚えておこう

出題が予想される場面・話題・質問

予想される会話場面　※「課題理解」とほぼ同様。

- 大学（教室・研究室・事務室）…学生と教師、学生同士、学生と事務員。
- オフィス…部下と上司、同僚同士。
- 病院…患者と医者、患者と看護師。
- 店（飲食店・電気店）…店員と客、アルバイト店員と店長。
- アパートやホームステイ先など…学生と大家・ホストファミリー・近所の人。
- 家族…夫と妻、親と子など。

予想される話題・状況　※「課題理解」とほぼ同様。

- レポートや論文…内容やテーマ、提出の方法・期限など。
- ゼミ…研究のテーマ、発表の順番など。
- 会議などの準備…会議やセミナー、展示会などの準備。配布資料や会場の準備など。
- 上司の指示…書類の修正、資料の準備、取引先や来客への対応など。
- 電話での指示や依頼…伝言、代わりの作業の依頼、修理の依頼など。
- アクシデント…体調不良、電車のトラブルなど。

予想される質問

- 女の人は何を～ますか。
- 男の学生は何が～と言っていますか。
- ～の理由（原因）は何ですか。／どうして～ますか。
- 女の学生はいつ～ますか。
- 男の人はどのように～ますか。
- どんな～ですか。
- 何が一番～ですか。／最も～は何ですか。

第2章 ポイント理解

UNIT 1　５W１Hを聞き取るパターン

1-a ダイアローグ（会話形式）

POINT

「ダイアローグ」の場合は、二人の関係を考えながら聞き取ります。
「いつ・どこ・なに・どう・だれ・なぜ・どうして・どのように・どんな」という疑問詞を確実に聞き取るのがポイントです。

二人の関係は・・・？

Think about the relationship between the two speakers when listening to dialogues. Clearly understanding the answer to questions such as「いつ・どこ・なに・どう・だれ・なぜ・どうして・どのように・どんな」is important here.
会话的场合，考虑两个人的关系来听。重点在于听清楚「いつ・どこ・なに・どう・だれ・なぜ・どうして・どのように・どんな」这些疑问词。
Với trường hợp "Đối thoại", lúc nghe, chú ý mối quan hệ của hai người. Việc nghe rõ các từ để hỏi như「いつ・どこ・なに・どう・だれ・なぜ・どうして・どのように・どんな」là điểm mấu chốt.

EXERCISE

練習 15　　　　　　　　　　　　　　　　　　　Disc 1 　27

1　背が低くてコンタクトをしています
2　背が高くて髪を伸ばしています
3　背が低くてめがねをかけています
4　背が高くてめがねをかけています

Memo

練習 16　　　　　　　　　　　　　　　　　　　Disc 1 　28

1　タクシーで空港まで届ける
2　プリントして速達で送る
3　メールに添付して送る
4　新幹線の駅まで届ける

Memo

問題スクリプトと解答の流れ

練習 15 Disc 1 ㉗　　　　　　　　　　　　　　　　正解：4

女の人のお父さんはどんな人ですか。

F：弟が明日、日本に来るんだけど、どうしても空港へ迎えに行けないのよ。

M：で、ぼくに行けって？　いいけど、君の弟、知らないよ。

F：写真は全部、国に置いてきちゃったから…。背は私よりずっと高い。父親似だから。

M：ああ…お父さんは写真で見たことがある。確か背が高くて、めがねをかけてたよね。

F：そう。

M：それで、今、何歳？

F：えーと、62歳。

M：え？　違うよ、弟だよ。

F：いやだ、父かと思った。え～っと、ちょうど20歳。

M：めがねは？

F：かけてない。弟はコンタクト。あと、髪は短くて…。

M：OK、大体わかった。じゃ、弟の名前を書いた紙持って立ってるって言っといて。

F：ありがとう。

女の人のお父さんはどんな人ですか。

📖 ことばと表現
- □ 〜似：〜に似ていること。
- □ コンタクト：「コンタクトレンズ（をつけている）」を短くした言い方。

★ 重要語をチェック！
「〜って？」「〜から…。」⇒ p.86

どんな状況？	「女の人のお父さん」を正しく聞き取る。「弟」ではないので注意！
何がテーマ？	「背が高いか低いか」「めがねかコンタクトか」「髪が長いか短いか」のポイントについて聞き取る。
注意点と答えの選び方	「髪が短い」のは弟の情報。「父の情報」と「弟の情報」を間違わないこと。

> キーワードをキャッチ
> 「背は私よりずっと高い」「父親似」「背が高くて、めがねをかけてた」「髪は短くて…」

① 5W1Hを聞き取るパターン

練習 16　Disc 1　28　　　　　　　正解：3

女の人は、どのようにして資料を田中さんに渡しますか。

F：あ、田中さん、この資料持って行くの忘れてる。
M：え？　それって、出張に持って行くって言ってたもの？
F：うん。どうしよう…。**今から駅に行けば**、間に合うかなあ。
M：いや、むこうに早く着きたいから、**飛行機に変えるって言ってた**よ。
F：えっ、そうなんだ。何時のだろう…？
M：ちょっと待って。・・・ああ、10時50分発のだと思う。
F：10時50分？　じゃ、**まだ間に合うかも、タクシーで行けば**。
M：**それより、添付で送れば**？　パソコンも持って行ってるし。むこうでプリントしてもらえばいいよ。
F：かなりの量だよ。時間あるかなあ。
M：大したことないよ。早く着くし。メールだけ入れておけば大丈夫だよ。
F：わかった。じゃ、そうする。

女の人は、どのようにして資料を田中さんに渡しますか。

📘 ことばと表現

□ 添付(する)：to attach ／附上、添上／ dính kèm
□ 量：amount ／数量／ lượng

★ 重要語をチェック！
「それより」「〜ば」⇒ p.86

質問文を聞く	どのように渡すか、渡すものは（おそらく紙の）「資料」。
選択肢を読む	紛らわしいのは「2」「3」。メールの部分について注意して聞き取る。
会話文を聞く	会話を聞きながら選択肢に「○×」を書く。「4」は「×」、「1」も「×」、「3」は不可能な方法。
（もう一度質問文を聞いて、確認）	
答えを選ぶ	〈添付で送って、出張先でプリントするのがいい〉と言っている。

キーワードをキャッチ：「今から駅に行けば」「飛行機に変えるって言ってた」「まだ間に合うかも、タクシーで行けば」「添付で送れば？」

重要語	使い方チェック！

練習15

〜って？　「〜ということですか」「〜ということ？」「〜って言うの？」「〜と言うんですか」などが短くなった形。

① 明日までにこれをやれ**って**？　そんなの無理だよ。
② じゃ、何？　ぼくのせいだ**って**？
　　――だって、そうでしょ。
③ なぜ**って**、そんなこと、あなたに言う必要ないでしょ。

〜から…。　理由や事情だけ述べて、結論を省略した形。

① このゴミ、捨ててきてくれる？
　　――ああ…今ちょっと時間ない**から**。
② もっと食べたら？
　　――うん…。あんまりおなかすいてない**から**。
③ さくらデパートのバーゲンに行かない？
　　――バーゲン？　ああ…これからバイトだ**から**。

練習16

それより　相手の発言に対して、ほかにいい案や優先すべきことがあると言いたいときに使う。

① このチョコ、前のデザインのほうがよかった。
　　――**それより**値上げしたのが気に入らない。
② 午後は映画を見に行こうか。
　　――**それより**美術館に行きたいな。見たいのがあるから。
③ このドラマ、あんまり面白くない。
　　――**それより**早くご飯食べちゃって。

〜ば？　「Vナイ形+ば+どう？」で提案や勧誘を表す。「〜ば？」は「どう？（どうですか）」が省略された形。

① 田中さんも来れ**ば**？
　　――いいんですか。じゃ、ぜひ。
② これを使え**ば**？　楽だよ。
　　――じゃ、ちょっと借ります。
③ 少し休め**ば**？
　　――そうだね。じゃ、10分くらい。

1-b モノローグ（スピーチ形式）

POINT

モノローグの場合、その話が一人に向けられたものか、大勢に対するものかをまず把握します。一人に対するものなら、「いつ、どこで、だれが、どうした」ということを細かく聞き取ることが求められます。大勢に対するものの場合は、その人が説明している話の中心や内容全体を捉える問題が多いです。

話す相手は
一人？ 大勢？

When dealing with a monologue, first figure out if it is directed toward one person or to many. If it is directed toward one person, you will need to know details such as 「いつ、どこで、だれが、どうした」. If it is a dialogue, following the conversation as it develops based on the initially set out premises is important.
会话的时候，首先把握其话是对一人还是多数人。如果是一个人要注重听细节「いつ、どこで、だれが、どうした」。如果是多数人，要侧重抓住所说明的话的中心及整个内容。
Trường hợp "Độc thoại", trước hết phải nắm được câu chuyện dành cho một người hay cho nhiều người. Nếu là cho một người thì cần phải nghe rõ chi tiết「いつ、どこで、だれが、どうした」. Nếu cho nhiều người thì câu hỏi thường là nắm bắt toàn bộ nội dung cũng hoặc trọng tâm câu chuyện mà họ đang giải thích.

EXERCISE

練習 17

Disc 1 — 29

1　日本経済の可能性
2　サラリーマンの昼食
3　日本銀行による景気対策
4　庶民の節約志向

Memo

練習 18

Disc 1 — 30

1　夜遅くに電話したこと
2　学習塾で渡さなかったこと
3　夜の配達にしたこと
4　直接手渡さなかったこと

Memo

問題スクリプトと解答の流れ

練習 17 Disc 1 R 29

正解：4

テレビで、アナウンサーが話しています。アナウンサーは、何について話していますか。

M：日銀が発表する経済統計によると、最近は個人消費も**堅調**といいます。お昼のランチでも、**財布のひもが緩んで**いるのか、以前のアンケートでは1回当たりの費用は500円までが全体の3分の1以上でしたが、最近では1000円までと答えた人が最も多かったです。しかし、**まだまだデフレ**傾向は強く、ランチで最も**気にかけている**のは「価格」という人が、全体の34%を占めていました。中には、「手作り弁当**持参**」「**大盛り**のランチを友人と分ける」「家からご飯を持参、社員食堂でおかずを**調達**」「ファーストフードの**クーポン券**を利用」などの**涙ぐましい**努力をしている、という意見もありました。

アナウンサーは何について話していますか。

ことばと表現

- 堅調：売上などが安定して伸びていること。
- 財布のひもが緩む：買うのを控える気持ちが弱くなる。
- デフレ：deflation ／通貨緊縮／ giảm lạm phát ⟷インフレ
- 持参（する）：うちから持ってくること。
- 大盛り：普通よりも量を多くすること。
- 調達（する）：to obtain, to procure ／采购、筹集／ kiếm
- クーポン券：coupon ／減価券／ coupon
- 涙ぐましい：涙が出そうなほど感動的な／かわいそうな。

★ 重要語をチェック！
「〜といいます」「まだまだ」⇒ p.90

質問文を聞く	「何について」→話題やテーマを問う問題。
選択肢を読む	国レベルの話か、個人や生活のレベルの話か、に注意。また、経済の専門的なことなのかどうかもポイント。
話を聞く	〈経済の状態が少しよくなっている→「しかし」→必ずしもそうとは言えない〉という流れ。例は正確に聞き取れなくてもいい。
(もう一度質問文を聞いて、確認)	
答えを選ぶ	主旨が述べられている後半部分の内容と合うものを選ぶ。

キーワードをキャッチ：「統計」「堅調」「財布のひもが緩んで」「デフレ」「気にかけている」「持参」「大盛」「調達」「クーポン券」「涙ぐましい」

① 5W1Hを聞き取るパターン

練習 18 Disc 1 R 30

正解：4

女の人が留守番電話にメッセージを残しています。女の人は何を謝っていますか。

F：もしもし、**夜分遅くにすみません**。私、お世話になっております山田たけしの母でございます。実は本日、さくらデパートより、ちょっとしたものを送らせていただきましたので、どうぞ、お受け取りくださいませ。**学習塾の教室でお渡ししますのもどうかと思い、失礼とは存じましたが送らせていただきました**。先生は日中お留守のことが多いのではないかと思い、夜の8時から10時までの時間指定にしております。明日届く予定でございます。**お手数ではございますが**、生ものでございますので、どうかよろしくお願い申し上げます。本来ならお宅に伺い、**お目にかかったうえで、ご挨拶申し上げなければなりませんのに**、申し訳ございません。どうぞよろしくお願いいたします。

女の人は何を謝っていますか。

📖 ことばと表現

- □ 夜分：「夜」の丁寧な言い方。
- □ ～くださいませ：「～ください」の丁寧な言い方。
- □ 存じます：「思います」の尊敬語。
- □ 日中：昼間。日がのぼっている間。
- □ 手数：trouble, bother／麻煩／phiền
- □ 生もの：生の食べ物。
- □ お宅：「あなたの家」を表す丁寧な言い方。
- □ 本来：元々。普通なら、そうであること。

- □ お目にかかる：「会う」の尊敬語。

★ 重要語をチェック！
「～のもどうか」「～のに」⇒ p.90

質問文を聞く	「何を謝っているか」→謝るときの表現に注意。
選択肢を読む	「1」はこの電話をかけた時間。それ以外は「何かの渡し方」に関するもの。
会話文を聞く	「夜分遅くに…」は夜電話するときの挨拶語。

（もう一度質問文を聞いて、確認）

答えを選ぶ	〈失礼とは思うが、送らせていただいた〉と〈直接会ってご挨拶しなければならない（のにできない）〉は、同じような気持ちを伝えるもの。

🔑 キーワードをキャッチ
「夜分遅くにすみません」「教室でお渡ししますのもどうかと思い、失礼とは存じましたが送らせていただきました」「お手数ではございますが」「お目にかかったうえで、ご挨拶申し上げなければなりませんのに」

| 重要語 | 使い方チェック！ |

練習17

〜といいます　伝聞を表す表現。

① くり返し学習することが大事だ**といいます**が、本当にそう思います。
② 心配しすぎるのもよくないかもしれませんね。
　　――ええ。「病は気から」**っていいます**からね。
③ この味は癖になる**っていいます**よね。
　　――ええ。私の妻が大好きなんですよ。

まだまだ　「まだ」を強調した表現で、「まだ（その状態が）続く」「まだ（その状態に）達しない」などの意味で使う。

① ここの練習、結構きついですね。
　　――**まだまだ**これからだよ。
② **まだまだ**寒い日が続きますね。
　　――ええ。早く暖かくなってほしいです。
③ 彼もだいぶ慣れたし、もう任せてもいいんじゃないですか。
　　――いや、**まだまだ**だね。

練習18

どうかと思う　いいとは思わない、賛成しない。

① 親に頼むのは**どうかと思う**。自分でやるべきだよ。
② まだ小学生なのに、夜遅くまで勉強させるのは**どうかと思う**。
③ 冗談とはいえ、ああいうのは**どうかと思う**。
　　――そうだよね。相手が傷つくよね。

〜のに　意図したことと異なる結果に対して、残念な気持ちを表す。

① あれだけ注意した**のに**、また同じミスをして…。
　　――すみません。
② あーあ、期待してた**のに**。
　　――まあ、そんなにがっかりしないで。
③ 私がやるべきだった**のに**、すみませんでした。
　　――いいんですよ。大した手間じゃないから。

第2章 ポイント理解

UNIT 2 条件を聞き取るパターン

1-a ダイアローグ（会話形式）

POINT

疑問詞に加え、「一番・最も・〜の場合・〜について・今・来週」などの「条件」がつきます。例えば、「理由」がいくつか示された中で「最も」という条件がついた場合、その理由が答えかを聞き取るのがポイントです。ダイアローグの場合、初めに示された「条件」をもとに、会話の展開についていくことが大切です。

In addition to interrogatives, conditions such as 「一番・最も・〜の場合・〜について・今・来週」 may be given. For example, if multiple reasons are given for something but the primary reason is being asked for, it is important to pay attention to what that precise reason is. It is important in dialogues to start with the initially-defined conditions and to follow a conversation as it develops from there.

加疑问词，附加「一番・最も・〜の場合・〜について・今・来週」等「条件」。例如在几个「理由」当中，如有「最も」的条件出现时，要着重听取哪个理由是答案。会话时，根据最初所示「条件」将会话展开下去很重要。

Bên cạnh các từ để hỏi còn có thêm "điều kiện" như 「一番・最も・〜の場合・〜について・今・来週」. Ví dụ, trường hợp có thêm điều kiện là "nhất" trong các lý do được đưa ra thì quan trọng phải nghe được lý do nào là câu trả lời. Trong trường hợp "đối thoại", cần bám theo diễn biến của đoạn thoại dựa trên "điều kiện" được đưa ra ban đầu.

二人のことばと行動を追え！

EXERCISE

練習 19

1. 居眠り運転
2. スピードの出しすぎ
3. 渋滞中の玉突き衝突
4. 荷崩れを見ながらの運転

Memo

練習 20

1. 天気がよかったこと
2. ホテルの料理がおいしかったこと
3. ホテルの施設がよかったこと
4. 部屋からの景色がよかったこと

Memo

問題スクリプトと解答の流れ

練習 19 Disc 1 R31   正解：4

男の人と女の人が話しています。事故の最初の原因は何ですか。

M：おはよう。何か事件でもあったの？

F：昨日の夜、高速で大きな事故があったみたい。一面に出てる。

M：へえ～、また、居眠り<u>か何か</u>？

F：<u>渋滞しているところに後ろから追突</u>したんだって。

M：<u>玉突き</u>か…。スピード出してたんだろうな。

F：それが原因とは書いてないなあ。あ、<u>反対車線走ってたトラックの荷崩れ</u>だって。

M：じゃ、それを<u>見ながら運転</u>してたから、渋滞したんだろうな。

F：最近は高速を逆走する車も増えてるって聞く<u>し</u>、危ないよねえ。…あれ？　今朝は10時に約束があるんじゃなかった？

M：あっ、そうだった！　じゃ、行ってきまーす。

事故の最初の原因は何ですか。

📖 ことばと表現

- □ **一面**：新聞の最初のページのこと。
- □ **追突（する）**：to hit ／追尾／đâm
- □ **玉突き**：pileup ／连撞／vụ đâm nhau của một số xe cộ
- □ **車線**：traffic lane ／车线／làn đường
- □ **荷崩れ**：積んでいた荷物が崩れること。
- □ **逆走（する）**：車が決められた方向と逆に走る。

★ 重要語をチェック！
「～か何か」「～し」⇒ p.94

質問文を聞く	「事故の最初の原因」の「最初の」というところに注意。事故の原因が複数あること、事故が単純でないことが推測される。
選択肢を読む	「居眠り」「スピード出しすぎ」「玉突き衝突」「荷崩れ」から、交通事故の話であると推測する。
会話文を聞く	何が何につながったか、結果と原因の関係をとらえるのがポイント。また、事故に直接関係ないことは無視してよい。

（もう一度質問文を聞いて、確認）

答えを選ぶ	「居眠り」「スピード」は男性の想像。「後ろから追突」と「玉突き」は新聞の情報から。「追突」の原因は「渋滞」、「渋滞」の原因は「荷崩れを見ながらの運転」。

> キーワードをキャッチ
> 「渋滞しているところに後ろから追突」「玉突き」「反対車線走ってたトラックの荷崩れ」「見ながら運転」

② 条件を聞き取るパターン

練習20 Disc 1 32

正解：4

男の人と女の人が話しています。女の人は、旅行で何が一番よかったと言っていますか。

M：お帰り、旅行どうだった？
F：よかったよ。4日間ずっといい天気だったし。
M：ホテルの料理はどうだった？
F：もう、**海の幸、山の幸が豊富**で…。食べ過ぎて太っちゃった。
M：山の中なのに？　でも、一山越えたら日本海だもんな。どうせ食っちゃ寝、食っちゃ寝だったんだろ？
F：そんなことないよ〜。そのホテル、温泉にサウナ、温水プールまであって、宿泊客は無料で使えるの。エステも割引があって…。だから、結構忙しくしてたのよ、それなりに。
M：へ〜、女性客が喜びそうなサービスだね。
F：うん。でも**何と言っても、部屋からの眺め**ね。日本アルプスが一望できるのよ。青い空をバックに、最高だった。それが見(ら)れただけで満足。
M：旅行は天気次第だもんな。ラッキーだったね。うらやましい。

女の人は、旅行で何が一番よかったと言っていますか。

ことばと表現

- **海の幸**：海でとれる食べ物。
- **山の幸**：山でとれる食べ物。
- **食っちゃ寝、食っちゃ寝**：「食っては寝る」をくり返すこと。
- **サウナ**：sauna／桑拿／tắm hơi
- **エステ**：「エステサロンまたはエステティックサロン（全身美容の美容院）」が短くなった形。
- **それなりに**：それはそれに応じて。ここでは「自分なりに（自分の立場や状況に応じて）」の意味。
- **日本アルプス**：本州（main land of Japan）の中央部にある、高い山脈が集まっているところ。
- **一望(する)**：to have views of 〜／展望、尽收眼底／nhìn bao quát
- **〜次第**：depending on 〜／①次序、程序②就、立即／tùy theo

★ 重要語をチェック！
「どうせ」「何と言っても」⇒ p.94

質問文を聞く	「一番」というところに注意。女の人が最も強調している部分に注目する。
選択肢を読む	「天気」「料理」「施設」「景色」の4つの観点に注意して聞き取る。
会話文を聞く	「海の幸、山の幸」は「海や山のおいしい食材」、「温泉、サウナ、プール」は施設のこと。評価の程度に注意。

（もう一度質問文を聞いて、確認）

答えを選ぶ	ポイントは、女の人の言った「何と言っても」。最高の評価を表す言葉で、「一番、最も」に合う。

> キーワードをキャッチ
> 「海の幸、山の幸が豊富」「何と言っても、部屋からの眺め」

重要語	使い方チェック！

練習 19

～か何か とりあえず例を示すときの表現で「～やそのようなもの」という意味。

① 鈴木さん、今日、授業休んでたね。
　　――風邪**か何か**じゃない？
② これは部品を交換する**か何か**しないと、だめになっちゃうね。
③ コーラ**か何か**、お酒以外の飲み物はないですか。

～し 理由や根拠を控えめに述べるときの文末表現。

① 忙しい**し**、お金もない**し**、旅行はしばらく先だね。
　　―― そうだね。
② もう暗くなった**し**、そろそろ帰ろうか。
　　―― そうだね。
③ このホテルはどう？
　　―― いいんじゃない。駅からも近い**し**。

練習 20

どうせ 初めから期待していない気持ち、否定的な見方を示す表現。

① 宝くじ買ってみない？
　　――いいよ。**どうせ**当たらないから。
② サッカー、もう見ないの？
　　――**どうせ**負けるから、今日はもういいよ。
③ さっき田中君が探してたよ。
　　――あ、そう。**どうせ**大した用じゃないよ。

何と言っても 「他のすべてに対して、それが優先される」ことを表す。

① 今回の成功は、**何と言っても**、彼の貢献が大きかったと思います。
② 地域社会の発展には、**何と言っても**経済が重要です。
③ 日本を代表する食べ物と言えば、**何と言っても**、お寿司でしょう。

1-b モノローグ（スピーチ形式）

POINT

モノローグの場合、「条件」となる部分を聞き逃さないように特に集中することが大切です。「～ことこそ」「～よりむしろ」「～かぎりだ」「～しかない」「～なんてものではない」「～ようにも～ない」「～わけではない」など、普段の会話には現れないような表現がよく現れます。

条件に集中！

With monologues, it is important to make sure not to miss whatever conditions are set out. Expressions that one would not normally hear in regular conversation, such as 「～ことこそ」「～よりむしろ」「～かぎりだ」「～しかない」「～なんてものではない」「～ようにも～ない」「～わけではない」, often appear in these cases.
会话时，要集中不要听漏「条件」部分。经常使用像「～ことこそ」「～よりむしろ」「～かぎりだ」「～しかない」「～なんてものではない」「～ようにも～ない」「～わけではない」等平时不用的表现。
Trường hợp "độc thoại", việc tập trung nghe để không bị sót "điều kiện" là rất quan trọng. Thường sẽ xuất hiện các cách nói không mấy khi có trong hội thoại thông thường như 「～ことこそ」「～よりむしろ」「～かぎりだ」「～しかない」「～なんてものではない」「～ようにも～ない」「～わけではない」.

EXERCISE

練習 21

Disc 1 - 33

1　人に不快感を与える服装をしない
2　自分の意見をはっきり言う
3　新入社員だからと考えてはいけない
4　ビジネスに男も女もない

Memo

練習 22

Disc 1 - 34

1　スピードと明瞭さ
2　正確さと了解
3　気遣いと確認
4　言葉遣いと表情

Memo

問題スクリプトと解答の流れ

練習21　Disc 1 (R 33)　正解：4

会社で、男の人が新入社員を前に話をしています。男の人は、女性社員は特にどんなことに注意すべきだと言っていますか。

M：え～、皆さんに人事の立場から申し上げたいことがあります。まず、相手に好感を与える人になること。それは服装でも言葉遣いでも**言える**ことです。次に、意見をはっきり言うのと相手のプライドを傷つけるのは違う、ということ。常に配慮が必要です。さらに、新人だから許されるという考えは捨ててください。皆さんの名刺に「新入社員」と書いてある**わけではありません**。たまに、**女性だから許されるだろうという考えを持っている人がいて、驚かされる**ことがあるのですが、ビジネスの**場面に男も女もありません**。みんなの力で活気のある職場をつくっていってください。「仕事は楽しめ」が私のモットーです。頑張りましょう。

男の人は、女性社員は特にどんなことに注意すべきだと言っていますか。

ことばと表現

- 人事：human resources ／人事／ nhân sự
- 好感：favorable impression ／好感／ ấn tượng tốt
- 配慮：attention, consideration ／照顾、考虑／ để ý
- 活気：vitality ／活气／ linh hoạt
- モットー：motto ／座右铭／ phương châm

★ 重要語をチェック！
「言える」「～わけではない」⇒ p.98

質問文を聞く：「女性社員」という条件に注意。

選択肢を読む：「新入社員」「ビジネス」から職場の話、「不快感を与える服装」「自分の意見を言う」で、職場での注意点の話であると推測する。

会話文を聞く：選択肢に書いてあることはすべて述べているが、女性社員に対する注意と関係があるのは1つ。

（もう一度質問文を聞いて、確認）

答えを選ぶ：「女性だから許されるだろうという考えに驚かされる」と言っている。これは女性だけの話。

キーワードをキャッチ：「女性だから許されるだろうという考えを持っている人がいて、驚かされる」「ビジネスの場面に男も女もありません」

② 条件を聞き取るパターン

練習 22　Disc 1　34　　正解：3

女の人が、職場での電話応対のマナーについて話しています。最も大切なことは何と何ですか。

F：直接相手の方の表情を見ながらお話しするのと違って、電話の場合は<u>いつも以上の気遣いが必要です</u>。ベルが鳴ったら、すぐに出て、「お待たせしました」と言い、自分の所属と名前をはっきり言いましょう。もし、電話の途中で相手を待たせるような場合は「少々、お待ちいただけますか」、相手の言葉がよく聞き取れないときは「恐れ入りますが、もう一度お願いいたします」と言って、<u>聞き直します</u>。間違っても、<u>自分勝手に判断しないこと</u>。特に重要な事項に関しては「復唱させていただきます」と言って、<u>しっかり確認してください</u>。当然のことですが、必ずメモ用紙と筆記用具を用意すること。話が長くなりそうなときは、「少々、お時間よろしいでしょうか」と了解を得たり、それが相手からかかってきた電話である場合は、「こちらからかけ<u>直しましょうか</u>」と聞く<u>気遣い</u>も必要です。もし、こちらからかけた場合でしたら、<u>必ず相手に</u>「今、お話させていただいてもよろしいでしょうか」<u>と了解を得てください</u>。

最も大切なことは何と何ですか。

ことばと表現

- □ 所属(する)：to belong to ／所属／ thuộc
- □ 自分勝手に：selfishly ／自作主張、擅自／ tự ý
- □ 事項：points, matters ／事项／ mục
- □ 復唱(する)：確認のため、くり返して言うこと。
- □ 筆記用具：writing materials ／笔记用具／ dụng cụ ghi chép
- □ 了解(する)：理解して納得すること。

★ 重要語をチェック！
「気遣い」⇒ p.98

質問文を聞く　大切なことを「二つ」聞き取る点に注意。

選択肢を読む　一つの選択肢に二つの答えがあるが、一つが正しくても、もう一方が間違っていることがある。その組み合わせに注意する。

会話文を聞く　言葉遣いに関することが多く現れるが、これは相手への気遣いから生じたもの。メモと筆記用具は確認のためのもの。

(もう一度質問文を聞いて、確認)

答えを選ぶ　「スピード・明瞭さ・正確さ・了解・表情」はこの話の中には現れていない。

> キーワードをキャッチ
> 「いつも以上の気遣いが必要です」「聞き直します」「自分勝手に判断しないこと」「しっかり確認すること」「必ず相手に～了解を得てください」

| 重要語 | 使い方チェック！ |

練習21

（～だと）言える　ある判断が成り立つことを表す。

① これは、サルの社会だけでなく、人間の社会についても**言えます**。
② これはスポーツ全般に**言える**ことです。
　　——なるほど。
③ ほんとにそうだと**言えます**か。
　　——もちろん。データもあります。

～わけではない　部分否定の表現。「当然そうだ、必ずそうだ」ということではない。

① 日本で開催されることになったんですか。
　　——いえ、まだ決まった**わけではありません**。
② 森さんはこのイベントのこと、知ってましたか。
　　——ええ。でも、詳しい**わけじゃありません**。
③ 興味がない**わけじゃないんです**。ただ、時間が全然なくて。

練習22

気遣い　あれこれ気をつかうこと。

① 子供たちには、優しい心を持った、**気遣い**のできる人になってほしいです。
② なんでそんなことを言ったの？　**気遣い**がなさすぎるよ。
③ お**気遣い**いただいて、ありがとうございます。
　　——いいえ。

～直す　一度でうまくいかず、再びすること。

①〈電話〉今、食事中だった？　じゃ、後でかけ**直す**ね。
② こんなレポートじゃ、だめだよ。もう一度書き**直して**。
　　——はい、すみません。
③ 合わない？
　　——うん…。しょうがない、もう一回数え**直そう**。

PART 2 対策編

第3章 概要理解

UNIT 1 要約パターン
1. 話し手が「言いたいこと」を探す
2. 話のタイトルを探す

UNIT 2 一つのテーマについて聞くパターン
1. 正しい答えを探す
2. 話し手がテーマについてどう思っているかを探る

UNIT 3 話の先を予測するパターン
1. 話し手が「言いたいこと」を探す
2. 話のタイトルを探す

UNIT 4 複数のものを比較する
1. 2つ（以上）のものの違いを探る
2. 一番〜なのは何かを聞く

❓ どんな問題？

「概要理解」は、一人の人の長い話を聞いて、「その話が何についての話か」「言いたいことは何か」「タイトルは何か」「今後どうなっていくのか」「違いは何か」など、話の意図や主張、全体のテーマや概要を捉える問題です。答えは4つの選択肢から一つを選びます。

⚙ 出題の基本パターン

出題は「文字情報」と「音声情報」の二つによります。問題用紙を開くと、問題の説明文と4つの選択肢があります。

文字情報

※この部分は文字と音声の両方です。

この問題では、問題用紙に何も印刷されていません。この問題は、全体としてどんな内容かを聞く問題です。話の前に質問はありません。まず話を聞いてください。それから、質問とせんたくしを聞いて、1から4の中から、最もよいものを一つ選んでください。

― メモ ―

音声情報

【状況文】〈この会話がどんな状況で話されているか〉が流れます。

🔊 男の人が、テレビで最近の気象状況について話しています。

【会話文】一人の話が流れます。

🔊 M：最近、各地で起こっている集中豪雨は、停滞前線に南からの暖かく湿った空気が流れ込み続けたことが要因です。停滞前線とは、梅雨前線や秋雨前線がその代表的なものですが、北の冷たい空気と南からの空気がぶつかって、あまり移動せずに長くとどまるものです。そこに雨雲がどんどん発達して、局地的に低気圧ができたような状態になるんです。大雨の予測はあっても、この場所でこの時間帯にこれだけ降るとは、なかなかわからないので、被害が拡大するんです。外出時には、気象庁のホームページを見るなどして注意してほしいですね。

【質問文】〈何を聞き取らなければならないか〉が流れます。

🔊 男の人は何について話していますか。

【選択肢】

🔊
1　集中豪雨の被害
2　停滞前線の動き
3　集中豪雨の要因
4　気象庁のホームページ

解き方のポイント

「状況文」から、何についての話かを聞き取ります。「語り文」の中に聞いたことがない言葉があっても、落ち着いて、その言葉の一部分でもいいので、聞いた音をメモしましょう。難しい言葉の前後には、「つまり・〜とは・〜ということ」のように説明部分がありますから、それを聞き逃さないことです。問題のパターンを理解し、何を聞き取るのかに注意しましょう。

🛈 覚えておこう

出題が予想される場面・話題・質問

予想される話者のパターン

- テレビ・ラジオ…アナウンサー、解説者（専門家）、レポーター
- 会議・研修・集会・就職説明会…講師、発表者、司会、経営者（社長）、採用担当者
- 授業・講座・講演…教師、講師
- 美術館・資料館…案内係
- その他…案内放送、録音メッセージ

予想される話題・テーマ

- テレビ・ラジオ…天気予報、健康・病気、食べ物、最近の流行、本や映画の紹介、イベントの紹介、地方のニュース、商品のＰＲ
- 授業・講座…講座・試験・評価の説明
- 講演…自然・環境、経済、教育
- 案内放送…展示内容の説明

予想される質問

- 女の人は、何について話していますか。
- レポーターは、主に何について話していますか。
- この話の主なテーマは何ですか。
- 男の人はどのようなテーマで話していますか。

第3章 概要理解

UNIT 1 要約パターン

1 話し手が「言いたいこと」を探す

POINT

話の「意図」や「主張」を聞き取るパターンです。話の初めか終わりの部分に、答えが現れることが多いです。
In this pattern, you need to listen to the intention or assertion of the speaker. The answer often appears at the beginning or the end of the statement.
听懂话中的「意图」、「主张」。其答案常常出现在话头或话尾。
Là trường hợp nghe "mục đích", "chủ trương" của câu chuyện. Câu trả lời thường xuất hiện ở phần đầu hoặc phần cuối câu chuyện.

> 最初か最後に答えがあることも多い！

EXERCISE

練習 23

Disc 1　35

Memo

2 話のタイトルを探す

POINT

「話のタイトル」は「何が言いたいのか」と同じです。ただ、「タイトル」は一言で内容がわかるものでなければなりません。要約力をつけましょう。
The "title of the conversation" is another way of saying "what is trying to be said here?" However, this "title" must be brief, so work on your ability to summarize what is being said.
「话题」与「想说什么」一样，只是「话题」不是一句话就能明白其内容，需要抓住要点。
"Nhan đề câu chuyện" giống như "Bạn muốn nói gì". Tuy nhiên, "nhan đề" phải là thứ tóm lược được nội dung bằng một vài từ. Hãy cùng học cách tóm lược.

> 必要なのは要約力！

EXERCISE

練習 24

Disc 1　36

Memo

103

問題スクリプトと解答の流れ

練習 23　Disc 1 　35　　　　　正解：3

男の人がスピーチについて話しています。

M：私は結婚式やパーティーの司会を仕事としているんですが、**いいスピーチというのは数えるほど**ですね。皆さん、それなりに緊張して、何度も練習して、その場に臨まれている**でしょうに、心に残るスピーチって少ない**ですね。よく聞かれるんですよ。コツって何ですかって。そんな時、いつも言うんです。いい格好をしない、うそはつかない。**つまり、本心を伝えたらいいんです**。以前、結婚式のスピーチで「マサコ…いつまでも…お幸せに」と、ハンカチ片手にこれだけを語った女性がいて、感動しました。結局、みんなが言いたいのは「この幸せが永遠に続きますように」ってことですからね。あの時は本当に胸にジーンと来ましたよ。

男の人が言いたいことは何ですか。
1　スピーチというのは退屈なものだ
2　スピーチをするときは準備しておくべきだ
3　スピーチは素直な気持ちで述べよう
4　感動させるスピーチが大切だ

📖 ことばと表現

- **数えるほど**：簡単に数えられるほど少ない。
- **それなりに**：それに応じて。それに合うように。
- **その場**：ここでは「その場面」の意味。
- **〜に臨む**：〜という機会・物事を迎える。
- **本心**：本当の気持ち。
- **〜片手に**：〜を片手に持って。
- **(胸に)じーんと来る**：心に響くように感動する。

★ 重要語をチェック！
「〜でしょうに」「〜たらいい」⇒ p.106

何の話？	スピーチについての話。
話の流れ	「いいスピーチというのは数えるほど」「心に残るスピーチって少ない」「コツ」「本心を伝えたらいい」がポイントになる。
質問文チェック	「言いたいこと」つまり「男の人の主張は何か」が質問。
注意点と答えの選び方	「本心を伝える」という表現と「素直な気持ち」が同じ意味で使われていることに気づくことが大切。

キーワードをキャッチ
「いいスピーチというのは数えるほど」「心に残るスピーチって少ない」「コツ」「つまり、本心を伝えたらいい」

① 要約パターン

練習 24 Disc 1 — 36

正解：4

男の人が会社での体験について話しています。

M：私は会社の人間関係**ほど**わずらわしいもの**はない**と思っていたんです。そしてある時、人事異動があり、嫌な上司のもとで働くことになったんです。大したミスでもないのに、大声で怒鳴る。そのくせ、偉い人にはヘコヘコする。一発殴って退職届を叩きつけてやりたいと、そればかり考えていました。そんな時、また異動で、一人の男性社員がやって来ました。当然、彼も上司に怒鳴られるようになったのですが、自分にまったく非がないときでも、何度も頭を下げるんです。私は彼に、「なぜ、言い返さないんだ。悔しくないのか」と聞きました。すると、「謝るのは自分のため。今、謝っておけば話は早く済んで、仕事もスムーズに進むから」と答えました。私は初めて気がついたんです。これも、職場を少しでも**居心地よくするためのテクニック**なんだと。それからは、私は突っ張ることをやめたんですよ。

男の人の話にタイトルをつけるとしたら、どれがいいですか。
1 職場内の人間関係
2 会社勤めの苦しみ
3 どこにでもいる嫌な人
4 嫌いな人との付き合い方

ことばと表現

- わずらわしい：bothersome／麻煩、累贅／phiền phức
- 人事異動：personnel transfers／人事変動／thay đổi nhân sự
- 怒鳴る：yell／发火／mắng
- そのくせ：その一方で。それなのに。
- 偉い：ここでは「地位や身分が高い」という意味。
- ヘコヘコする：　※ペコペコする。
- 一発：「打つ」「（花火を）打ち上げる」「（銃を）撃つ」などの「一回分」を表す。
- 退職届：会社などをやめる意志を示すために提出する書類。
- 叩きつける：叩くような激しい動作で物を置く。
- 非がない：悪いところがない。
- 頭を下げる：謝る。
- 言い返す：to say back／頂嘴／cãi lại
- 居心地：ある場所や地位にいるときの感じや気持ち。
- 突っ張る：自分の意見や主張をそのまま通そうとする。

★ 重要語をチェック！
「〜ほど〜はない」⇒ p.106

何の話？	会社の人間関係。
話の流れ	前半は「会社の人間関係ほどわずらわしいものはない」という考えとその例。後半は、そうした見方に変化を与えたきっかけと気づき。
質問文チェック	「タイトル」とは、つまり、男の人の「言いたいこと」。
注意点と答えの選び方	男の人が何に「気がついた」のか。それは「付き合い方」。

キーワードをキャッチ
「居心地をよくするテクニック」

重要語 | 使い方チェック！

練習 23

〜でしょうに
希望と異なる状態や結果について、残念に思う気持ちを表す。「本当は〜でしょうが」。

① 真夏なのに、スーツ着てるんですか。暑い**でしょうに**。
　——ええ。でも、仕事ですから。
② 田中さんは、けがして試合に出られないんだって。
　——かわいそう。彼も出たい**でしょうに**。
③ 彼がいたら、A大学が勝った**だろうに**。残念だな。

〜たらいい
「〜すること」が適当だと勧める表現。「〜（する）といい」。

① 荷物はここに置い**たらいい**よ。
　——どうも。
② 寒かったら、これを着**たらいい**よ。
　——ありがとう。
③ 困ったなあ。どうし**たらいい**かなあ。
　——先生に相談してみたら？

練習 24

〜ほど…はない
〜のように…はない。〜は最高に…だ。

① 彼女**ほど**親切な人**はいません**。
　——ほんとですね。感心します。
② 日本**ほど**きれい好きな国**はない**んじゃない？
　——そうだね。
③ これ**ほど**悲しいこと**はない**よ。
　——うん…。がっかりだね。

第3章 概要理解

UNIT 2 一つのテーマについて聞くパターン

1 正しい答えを探す

♪ POINT

全体を捉え、正しい意見を探します。話の中の一部が問題になることもあります。内容が変わる部分に注意しましょう。

Understand all of what is being said in order to find the correct opinion. Sometimes, a question is based on only a portion of what is being said. Pay close attention to when what is being talked about changes.

抓住整体，找到正确的意见。话中的一部分形成问题，注意内容变化的部分。

Nắm tổng thể và tìm ý kiến chính xác. Có khi một phần câu chuyện cũng trở thành vấn đề. Hãy chú ý phần thay đổi mạch chuyện.

どこで内容が変わった？

EXERCISE

練習 25

Disc 1 / 37

Memo

2 テーマについてどう思っているのかを探る

♪ POINT

テーマに対する話し手の意見を聞き取ります。「賛成か反対か」「どう思っているのか」など、質問は異なりますが、質問内容は同じです。キーワードを聞き取ることも大切です。

Figure out what the speaker's opinion is on the subject. The nature of the question may change, such as whether the speaker is for or against the subject, or what he or she thinks about it in general, but what is being said does not change. Listening for keywords is also important.

听懂对于一个题目说话人的意见。「赞成还是反对」「怎么认为」等，提问虽然不同，提问的内容一样。听取关键词很重要。

Nghe ý kiến về chủ đề của người nói. Câu hỏi có thể khác nhau như "Đồng ý hay phản đối", "Nghĩ nào thế nào" nhưng nội dung câu hỏi thì giống nhau. Việc bắt được từ khóa cũng rất quan trọng.

キーセンテンスを聞き取れ!!

EXERCISE

練習 26

Disc 1 / 38

Memo

107

問題スクリプトと解答の流れ

練習25　Disc 1 - 37

正解：1

女の人が色の感覚について話しています。

F：信号の色が、赤は止まれ、青は進め、というのは万国共通みたいですけど、トイレ表示の色で、赤のマークは女性用で、青が男性用、というのは日本だけらしいんです。こういうことから、国際的な色感覚について興味を持つようなったんです。日本では、女の子には赤っぽい服、男の子には青っぽい服を着せますよね。ヨーロッパでは、**性別で色分けするってことがない**ようで、みんな自由なんですね。実際、男性がピンクのシャツなんか着てると、かっこいいじゃないですか。でも、**人間には本来**、寒い時は赤などの暖色、暑い時は青や白を求める、といった**自然に身についた感覚はある**ようです。

ヨーロッパの人の色の感覚として、正しいのはどれですか。
1　性別による色分けはないが、感覚による色分けはある
2　感覚による色分けはないが、性別による色分けはある
3　マークとしての色分けはないが、信号などの色分けはある
4　信号などの色分けはないが、マークとしての色分けはある

ことばと表現

- □ **万国**：世界のすべての国。
- □ **〜ってこと**：「〜ということ」が短くなった形。
- □ **〜なんか**：例として軽く取り上げる表現。「〜など」。
- □ **暖色**：暖かい感じを与える色（赤、オレンジ、黄色など）。
- □ **身につく**：知識や技術などが得られる。

★ 重要語をチェック！
「〜っぽい」「〜じゃないですか」⇒ p.111

何の話？	色の感覚の話。
話の流れ	前半は「色感覚に興味を持つようになった」理由。中間は「日本とヨーロッパの比較」、後半は「人間本来の色感覚」。
質問文チェック	日本でなく、ヨーロッパの人の色感覚が問われている。
注意点と答えの選び方	「ヨーロッパの人の色感覚」では、「性別による色分けはない」と言っている。また、もう一つ、「人間には本来…」で、すべての人間に当てはまることが述べられている。

> キーワードをキャッチ
> 「性別で色分けするってことがない」「人間には本来」「自然に身についた感覚はある」

練習 26　Disc 1-38　正解：4

女の人が、公共のマナーについて話しています。

F：全国の男女1500人を対象に公共の場でのマナーを調べたところ、マナーの意識が低い人は自分にも他人にも無神経、ということがわかりました。例えば、電車の中での「女性の化粧」「携帯で大声で話す」「ヘッドホンからの音漏れ」「長い足を放り出して座る」「ゴミを捨てる」「ベタベタカップル」「チカンや暴力」「眠り込んで隣にもたれかかる」「ぬれた傘に気を配らない」など、さまざまな意見が出ていました。「チカンや暴力」は犯罪ですから例外としても、**要は他人に迷惑をかけるかどうかだと思うんです。迷惑をかけないなら、その人がみっともないだけで別にいいんじゃないかと、思います**。まあ、そんな人はいないでしょうけど、例えば、電車の中で着替えをしたって、その人が恥ずかしいだけで、ほかの人に迷惑をかけている**わけではない**ですからね。

女の人は、電車の中の行為についてどう思っていますか。
1　女性の化粧は許せないが、足を放り出して座るのは許せる
2　隣にもたれかかるのは許せないが、音漏れは許せる
3　携帯で話すのは許せないが、ゴミを捨てるのは許せる
4　ぬれた傘に気を配らないのは許せないが、ベタベタカップルは許せる

ことばと表現

- 無神経：insensitive／反応慢／vô tình
- 漏れ：leak／遺漏／rò rỉ
- 放り出す：to toss out／放出／duỗi
- ベタベタ：to get lovey-dovey／粘糊糊／thân mật
- カップル：couple／情侣、伴侣／cặp tình nhân
- チカン：groper／色狼、色鬼、流氓／kẻ sờ trộm
- もたれかかる：to lean, to recline／依靠／tựa
- 気を配る：to pay attention／顾全、周到／quan tâm
- 要は：point is／关键／tóm lại là
- みっともない：shameful, disgraceful／难看的、不像样的／hổ thẹn
- 別に（〜ない）：特に（〜ない）。
- 〜たって：〜たとしても。

★ 重要語をチェック！
「〜かどうか」「〜わけではない」
⇒ p.111

何の話？	公共のマナーについての話。
話の流れ	公共のマナーの例（→メモする）⇒話者の意見（キーポイント）：「要は他人に迷惑をかけるかどうかだと思う」
質問文チェック	「電車の中の行為」についての女の人の意見⇒行為の例それぞれについて評価しているのではない。
注意点と答えの選び方	公共のマナーの例について「他人に迷惑をかけるかどうか」の視点で考える。「かける」と思われるのは「足を放り出す」「大声で話す」「音漏れ」「ゴミを捨てる」「もたれかかる」「ぬれた傘」。「チカンや暴力」は犯罪だから例外、つまり迷惑以前の問題。

キーワードをキャッチ
「要は他人に迷惑をかけるかどうかだと思うんです」「迷惑をかけないなら、その人がみっともないだけで別にいいんじゃないかと、思います」

| 重要語 | 使い方チェック！ |

練習 25

～っぽい　～のように見える。～を多く含む。～の傾向が強い。

① このシャツは？　かわいいじゃない。
　　——そうだけど…ちょっと子供っぽいかな。
② 彼女は見た目と違って、ときどき男っぽい話し方をするよね。
③ うちの息子は飽きっぽい性格で、何をやっても続かないんです。

～じゃないですか　～と思いませんか。～ですよ。相手に同意や再確認を促す表現。

① こんなところに置いたら、危ないじゃないですか。
　　——すみません、今すぐどかします。
② 田中さん、歌、上手じゃないですか。
　　——そんなことないですよ。
③ もう間に合わないんじゃないですか。
　　——いや、まだわかりませんよ。

練習 26

～かどうか　どっちの結果になるか、はっきりしない様子。

① お店、開いてるかどうか、わからないけど、行ってみる？
　　——そうだね。とりあえず行ってみよう。
② これだけじゃ、本当かどうか、わからないよ。
　　——ネットは間違いも多いからね。

～わけではない　「当然そうだ」ということではない。

① パリに詳しいんですね。
　　——本とか雑誌で知っただけです。実際に行ったわけじゃありません。
② みんなライオンズのファンというわけではありません。ほかのチームのファンもいます。

第3章 概要理解

UNIT 3 話の先を予測するパターン

1 今後の展望を聞く

♪ POINT

話の内容を聞き取った上で、次の展開を予測します。あなた自身の予測力も必要です。
Listen to what is being said in order to predict what will happen next. Your own predictive abilities will be needed during these questions.
在听懂说话的内容上，预测下一步的展开。需要你自身的预测能力。
Sau khi nghe được nội dung câu chuyện, dự đoán diễn biến tiếp theo. Cần phải có khả năng phán đoán của riêng bạn.

予測力を磨け!!

EXERCISE

練習 27

Disc 1　39

Memo

2 今後どうすべきかを考える

♪ POINT

話の要点を理解し、流れを考えます。話し手の主張が現実にどのような形で現れるのかを予測します。
Understand the main points of a conversation in order to think about its flow. Predict the shape that the speaker's assertions will take in reality.
理解话中要点，考虑话脉。预测说话人的主张用怎样的形式表达在现实中。
Hiểu mấu chốt câu chuyện, suy nghĩ mạch chuyện. Dự đoán xem chủ trương của người nói sẽ thể hiện theo hình thức nào.

話の流れをつかむ!!

EXERCISE

練習 28

Disc 1　40

Memo

111

問題スクリプトと解答の流れ

練習27　Disc 1　39　　　　　　　　　　正解：2

男の人が言葉の変化について話しています。

M：以前、旅行に持っていくものについて話をしていたときに「写真機」と言って、みんなに笑われたんです。「カメラ」と言わなきゃいけないみたいで…。言葉って、知らないうちに変わっているんですね。例えば「海水着」が「水着」になって、今では「スイムウェア」、「ちり紙」が「ティッシュ」、「首飾り」が「ネックレス」というように、**どうも**カタカナに変わっていってるように思うのですが、僕みたいな年寄りには、厳しいです。「筆箱」が「ペンケース」に変わったのは、今はもう筆を使わないからかなあ。確かに、**そのものがなくなると、言葉も消えていきます**ね。「ラジカセ」「テープレコーダー」なんて、カセットやテープが**使われなくなると、消えていく**んでしょうね。今後、言葉がどう変わっていくか、楽しみ半分、不安半分**といったところ**ですね。

男の人は、今後、「言葉」はどのように変わっていくと思っていますか。

1　年寄りが発音するのが難しいものに変わっていく
2　物とともに言葉がなくなる一方で、カタカナ語が増える
3　使わなくなった言葉は、笑われる前に消えていく
4　年寄りが使う言葉と若者が使う言葉に分けられていく

ことばと表現

- **水着**：swimwear／游泳衣／áo bơi
- **ティッシュペーパー**：tissues／手紙／giấy vệ sinh
- **ネックレス**：necklace／项链／dây chuyền
- **ペンケース**：pen case／笔盒／hộp bút
- **ラジカセ**：「ラジオカセットテープレコーダー」の略。radio and cassette player／收录两用机／radiô cassét
- **テープレコーダー**：tape recorder／录音机／máy ghi âm
- **カセットテープ**：cassette tape／磁带／băng cassét

★ 重要語をチェック！
「どうも」「〜といったところ」
⇒ p.114

何の話？	「言葉の変化」の「変化」の特徴をとらえるのがポイント。
話の流れ	前半は"変化"の具体的な例。キーセンテンスは「ものがなくなると言葉も消えていきます」「（ものが）使われなくなると（言葉が）消えていく」。
質問文チェック	「言葉がどのように変わっていくか」についての男の人の考えを予測する→選択肢を聞く前に。
注意点と答えの選び方	例に出ていた言葉がカタカナ語であることに注意。

> キーワードをキャッチ
> 「そのものがなくなると言葉も消えていきます」「（ものが）使われなくなると（言葉が）消えていく」

③ 話の先を予測するパターン

練習 28 Disc 1 ㊵

正解：3

社内会議で、男の人が話しています。

M：今年度の収益が下がっていることに対し、どう対処していけばいいのか…。価格を下げれば商品当たりの利益は減るけども、販売量が多くなることで、全体の利益は増える、というのがこれまでの考え方でした。しかし、消費者が安さに慣れてくるのに伴って、売り上げが減り始めたんです。わが社は**今まで低価格で売り上げを伸ばしてきましたが**、ここ1、2年は**伸び悩み、不振が続い**ています。そんな時代**だからこそ**、商品の値段を切り下げていく「引き算」でなく、**同じ価格で商品価値を高めていく**「足し算」の戦略が求められる**のではないでしょうか**。安さだけに頼らず、商品そのものの魅力で消費者の心をつかむこと、それが生き残る道だと思うのです。消費者が望むのは、**安さより品質の高さやサービスの充実**なんですから…。

男の人は、今後どのようにしていけばいいと言っていますか。

1　さらに商品の値下げを行う
2　同じ商品で、商品価格を上げていく
3　より良い商品とサービスを提供する
4　新しい商品を次々に開発し、消費者の関心を引く

ことばと表現

- 収益：profit ／收益／ lãi
- 対処(する)：to handle ／应付、对付／ đối xử
- 〜当たりの：per〜／每个〜／ tính theo đầu người
- 消費者：consumer ／消费者／ người tiêu dùng
- 伸び悩む：なかなか伸びない。
- 不振：sluggish ／不振／ suy thoái tạm thời
- 引き算(する)：to subtract ／减法／ phép trừ
- 足し算(する)：to add ／加法／ phép cộng
- 戦略：strategy ／战略／ chiến lược
- 生き残る：to survive ／生存／ sống sót
- 品質：quality ／品质／ chất lượng
- 充実(する)：to be enriched ／充实／ đầy đủ

★ 重要語をチェック！
「〜からこそ」「〜のではないでしょうか」⇒ p.114

何の話？	会社の会議で。方針についての意見。
話の流れ	〈今までのやり方→（方向転換）これからの考え方、今後めざすもの〉という流れを読む。後半部分がカギ。
質問文チェック	「今後（この会社は）どのようにしていけばいいのか」を考える。
注意点と答えの選び方	語り文を聞きながら選択肢を消していく。「値下げ」「価格を上げる」は違う。「商品の開発」だけでは「関心を引く」ことはできない。

キーワードをキャッチ
「今までは低価格で売り上げを伸ばしてきました」「伸び悩み、不振が続いて」「同じ価格で商品価値を高めていく」「安さより品質の高さやサービスの充実」

| 重要語 | 使い方チェック！ |

練習 27

> **どうも**　理由など確かなことは何もわからないが（そう感じる様子）。

① 最近、**どうも**疲れやすくて…。　――ちゃんと休んでないからですよ。
② **どうも**調子が出ないなあ。　――そういう日もありますよ。
③ うーん、**どうも**うまくいかないなあ。　――もう一回マニュアル見たら？

> **〜といったところ**　〜という状態・状況。

① 予算はおいくらですか。
　――そうですね。5〜6万**といったところ**です。
② 今回の出来はどうですか。
　――まあまあ**といったところ**です。
③ あの人とはどういう関係ですか。
　――先輩と後輩**といったところ**です。

練習 28

> **〜からこそ**　「ほかではだめ、それだから成り立つ」ことを表す。

① これは彼だ**からこそ**、できる仕事だね。
　――うん。ほかの人には無理。
② 心配してる**からこそ**、言ってるんだから。
　――わかってるよ。
③ これもヒット商品だね。
　――まさに主婦だ**からこそ**のアイデアだね。

> **〜のではないでしょうか**　自分の主張を柔らかく述べる表現。

① 別な方法を考えてもいい**のではないでしょうか**。
② もう少しネットを利用したほうがいい**んじゃないでしょうか**。
③ ここの計算式は間違っている**んじゃないでしょうか**。
　――あ、ほんとだ。

第3章 概要理解

UNIT 4 複数のものを比較するパターン

1 2つ（以上）のものの違いを探る

POINT

何と何を比べているのかを捉え、その違いを理解する。2つ、あるいはそれ以上のもののことを要約する力が求められます。しっかりメモを取りましょう。

Understand what is being compared, as well as their differences. These questions will require the ability to summarize two or more things. Be sure to take good notes.
抓住什么与什么对比以理解其不同。需要有两个或更多的重点归纳能力。要做好笔记。
Nắm được đang so sánh cái gì với cái gì để hiểu sự khác nhau. Cần có khả năng tóm tắt hai hoặc hơn hai thứ. Nhớ ghi chép cẩn thận.

EXERCISE

練習 29

Disc 1 41

Memo

2 たくさんの中で一番のものは何かを考える

POINT

一つのテーマの中でさらにたくさんの分野が提出されます。聞きながらこれは何のことを言っているのかを分ける能力が求められます。言葉を変えて、同じ意味のことを言っているところはありませんか。

In this pattern, various fields relating to one theme are presented. In order to answer the question, you must have the ability to listen and understand what is being talked about. Are some things with the same meaning being said multiple times in different ways?
一个话题中包含很多方面的内容，培养边听边分区每句话都在说什么的能力。看是不是换别的词语来表达同一个意思。
Trong một chủ đề có rất nhiều lĩnh vực được nhắc tới. Cần phải có khả năng phân biệt chỗ này đang nói tới điều gì trong lúc nghe. Có chỗ nào thay đổi từ ngữ nhưng vẫn nói cùng một ý không?

くり返し部分に注目！

EXERCISE

練習 30

Disc 1 42

Memo

115

問題スクリプトと解答の流れ

練習29　Disc 1　41　　　　　　　　　　　　　　　　　　　正解：1

女の人が音に対する感覚について話しています。

F：以前、ある国を旅行をした時、列車の発車を知らせるアナウンスがないので、乗り遅れそうになりました。日本ではやかましい<u>くらい</u>に駅や車内でアナウンスをしますよね。発車の時だけでなく、「携帯電話のご使用は…」とか「不審な荷物を見かけたときは…」とか。さらに、駅の近くの商店の宣伝が流れたりすることもあります。**日本って、スピーカーの音には平気という人が多いんですね。一方、個人の音は他人に聞かせないという気遣い**がされます。街中のトイレでよくみられますが、電子音で用を足している時の音を消してくれる、というのがそれです。個人から出るそのような音を気にするのは、日本人に多いそうです。**人間みんな同じなんだから、恥ずかしいものではない**というのが、他の国に多い考えです。まあ、確かにそうですね。

女の人は、日本と他の国の音に対する感覚の違いは何だと言っていますか。

1　日本は公の音は平気で、他の国は個人の音は平気
2　日本はスピーカーの音は平気で、他の国は駅のアナウンスが平気
3　日本は個人の音は平気で、他の国は公の音に工夫がある
4　日本は公の音に気を遣うが、他の国は個人の音に気を遣う

ことばと表現

- **発車（する）**：to depart／开车、发车／rời khỏi
- **やかましい**：noisy／喧闹、嘈杂、吵闹／ồn ào
- **不審（な）**：suspicious／可疑／nghi ngờ
- **平気（な）**：気にしない。
- **気遣い**：concern／体贴、关切／lo lắng
- **用を足す**：to relieve oneself／方便、解手／đi vệ sinh
- **公**：public／公家的／công cộng

★ 重要語をチェック！
「～くらい」「～という」
⇒ p.118

何の話？	「音に対する感覚の話」→どんな音か、音と社会生活との関係がポイント。
話の流れ	日本⇒〈駅や車内のアナウンス、スピーカー音は平気〉〈個人の音には気遣い〉。ある国（ほかの国）⇒〈列車の発車を知らせるアナウンスが一切ない〉〈人間は皆同じだからトイレの音は恥ずかしくない〉
質問文チェック	「日本と他の国との感覚の違い」→「何を気にするか・しないか」がポイントだと予測する。
注意点と答えの選び方	「公の音」と「個人の音」に分けて考える。「駅のアナウンスやスピーカー音」は「公」、「トイレの音」は「個人」。

キーワードをキャッチ：「日本って、スピーカーの音には平気」「個人の音は他人に聞かせないという気遣い」「人間みんな同じなんだから、恥ずかしいものではない」

④ 複数のものを比較するパターン

練習 30　Disc 1　42

正解：4

女の人が温暖化対策について話しています。

F：地球温暖化は、人間が文化的な生活を追い求める結果として起こる気候変動で、完全にこの変化をなくすことはできません。でも、<u>少しの気配りでそれを遅らせることはできる</u>のです。例えば、エコ製品に買い替える、冷房の設定温度を1度上げる、こまめに電源を切る、歯磨き中の水の流し<u>っ放し</u>をしない、車を使わず自転車や公共の交通機関を利用する、車の停車中はエンジンを止める、などなど、できることはたくさんあります。こんな細かいことをやっても無駄だ、<u>なんて</u>思わないでください。<u>みんなが気をつければ、未来の地球をつくることができる</u>のです。「クールビズ」という言葉も聞き慣れてきましたが、夏、男性がネクタイを外せば、女性のひざ掛けがいらないオフィスになるのです。<u>身近なところからこれまでの生活を見つめ直して</u>ください。みんなで実行していきましょう。

女の人が、地球温暖化対策で一番に訴えていることは何ですか。

1　車の運転は控え、エンジンを切ろう
2　節電、節水を心がけよう
3　エコ製品を買って、経済効果を高めよう
4　一人ひとりが環境に気配りをしよう

ことばと表現

- □ 地球温暖化：global warming／地球变暖／hiệu ứng nhà kính của trái đất
- □ 変動(する)：to fluctuate／变动／biến động
- □ こまめに：面倒に思うことなく、細かい点までよく気がつき、すぐに行動する様子。
- □ 電源：electrical power source／电源／nguồn điện
- □ 交通機関：public transportation／交通机关、交通设施／hệ thống giao thông
- □ ひざ掛け：ひざに掛ける小さな毛布など。
- □ 見つめ直す：それについて、もう一度よく考える。

★ 重要語をチェック！
「～っぱなし」「～なんて」⇒ p.118

何の話？	「地球温暖化対策」ということなので、説明でなく意見や提案が語られると推測する。
話の流れ	順に対策例をメモしていく。最初のほうは並列に挙げられているが、途中から、同じ意味のくり返しがあることに気づく──「少しの気配りで遅らせることはできる」「みんなが気をつければ未来の地球をつくることができる」「身近なところからこれまでの生活を見つめ直して」。
質問文チェック	「一番訴えていること」→一番強調していること、繰り返し主張していることは何か。
注意点と答えの選び方	「車」「水」「電気」は並列で出された例。「経済効果」の話はしていない。

キーワードをキャッチ　「少しの気配りで遅らせることはできる」「みんなが気をつければ未来の地球をつくることができる」「身近なところからこれまでの生活を見つめ直して」

| 重要語 | 使い方チェック！ |

練習 29

～くらい　気持ちや程度を強調する表現。「～ほど」。

① それ聞いた時は、本当にがっかりして、泣きたい**くらい**でしたよ。
② 先生の授業を聞いたら、不思議な**くらい**よくわかったんです。
③ 電車は超満員で、息もできない**くらい**でした。

～という…　話や考えの内容を具体的に示す表現。

① よくわからない**という**方のために、相談コーナーも設けています。
② 何回も来ている人もいれば、初めて**という**人もたくさんいました。
③ アンケートでは、「とてもよかった」**という**声も多かったです。

練習 30

～っぱなし　その状態のままにすること。

① ドア、開け**っ放し**にしないで。寒いから。
② また出し**っ放し**にして！　使ったら、ちゃんと片付けてよ。
③ メールを送り**っ放し**で、すみませんでした。改めてご説明します。

～なんて　「～などと」のくだけた言い方。

① やめたい**なんて**言わないで。もうちょっと頑張ろうよ。
　　——わかった。
② 食事会、中止になって残念だね。
　　——えっ？　中止**なんて**聞いてないよ。
③ プロになる**なんて**考えたこともありません。

PART 2 対策編
たいさくへん

第4章 即時応答
だいしょう そくじおうとう

- **UNIT 1** 縮約語のパターン
  しゅくやくご
- **UNIT 2** イントネーションのパターン
- **UNIT 3** コソアドのパターン
- **UNIT 4** 応答がセットになっているパターン
  おうとう
- **UNIT 5** 賛成と反対のパターン
  さんせい はんたい
- **UNIT 6** 意味が複数あるパターン
  いみ ふくすう
- **UNIT 7** 省略のパターン
  しょうりゃく
- **UNIT 8** 擬音語・擬態語のパターン
  ぎおんご ぎたいご
- **UNIT 9** 慣用表現のパターン
  かんようひょうげん

❓ どんな問題？

「即時応答」は、問題を聞いて、すぐに答えを選ぶ問題です。問題の本文は二人〔男女〕の会話形式で、一人の発話に対する適切な返答を、選択肢の中から選びます。

⚙ 出題の基本パターン

問題の出題方法はすべて音声によります。問題用紙を開くと、問題の説明文と「メモ」と書いた白紙ページが3つあります。

文字情報

※この部分は文字と音声の両方です。

この問題では、問題用紙に何も印刷されていません。まず文を聞いてください。
それから、それに対する返事を聞いて、1から3の中から、最もよいものを一つ選んでください。

― メモ ―

音声情報

質問文はありません。まず、男女どちらかの一言（短い1～2文）が流れ、次に3つの選択肢が流れます。

🔊
M：ここにいていい？
F：1 うん、そこで待ってて。
　　2 うん、そこに待ってて。
　　3 うん、そこにいてて。

🔍 解き方のポイント

音声情報を聞く前に、情報は何もありません。会話文の初めの一文を聞いて、どのパターンに当てはまるのか、ポイントは何かを集中して聞き取る必要があります。問題を聞いて、もし「わからない」と思った場合は、その問題はあきらめ、次の問題に気持ちを切り替える勇気も大切です。

第4章 即時応答

UNIT 1 縮約語のパターン

POINT

縮約語	元の形	例
～てて	← ～ていて	ここで待ってて。
～てく	← ～ていく	かさ、持ってく。
～って	← ～という（ことだ）	中止だって。
～といて	← ～ておいて	チケット買っといて。
～とこ（う）	← ～ておこう	ビール冷やしとこう。
～きゃ	← ～ければ	電話しなきゃ。
～たげる	← ～てあげる	それ、持ったげる。
～じゃん	← ～じゃないか	さっき説明したじゃん。
～かも	← ～かもしれない	本当かも。
～っけ	← ～かな	うちにあったっけ。
～ちまった	← ～てしまった	あーあ、やっちまった。
～んだ	← ～のだ	熱があるんです。
～ってば	← ～といってるだろう	本当だってば。
～っこない	← ～はずがない	勝てっこないよ。
～やしない	← ～はしない	聞いてくれやしない。
～てる	← ～ている	間違ってる。
～ちゃう	← ～てしまう	遅れちゃう。
～じゃう	← ～でしまう	全部飲んじゃった。

パターンを探せ!!

EXERCISE

練習 31

Disc 1 　43

Memo

練習 32

Disc 1 　44

Memo

問題スクリプトと解答の流れ

練習31　Disc 1 43　　　　正解：3

M：あいつにわかりっこないよ。
F：1　そうかなあ。わかりっこあるかもよ。
　　2　そうかなあ。わかったげるよ。
　　3　そうかなあ。わかっちゃうかもよ。

最初の発話	「わかりっこない」を聞き取る。「わかるわけがない」「わかるはずがない」の意味。
注意点と答えの選び方	「わかりっこある」という表現はない。「わかったげる」は「わかってあげる」、「わかっちゃうかも」は「わかってしまうかもしれない」の意味。

★ 重要語をチェック！
「～っこない」「～たげる」「～ってば」

練習32　Disc 1 44　　　　正解：1

F：彼はちゃんとしてるってば。
M：1　え～、してないよ。
　　2　え～、何を知ってんだよ。
　　3　え～、知りっこないよ。

最初の発話	「してるってば」を聞き取る。「していると言ってるでしょ」の意味。
注意点と答えの選び方	「知ってるんだよ」は「知っているんだよ」、「知りっこないよ」は「知っているはずがないよ」の意味。

★ 重要語をチェック！
「～ってば」「～っこない」

重要語　使い方チェック！

～っこない　～わけがない。「そんなことは無理だ、起こり得ない」と言いたいときなどに使う。

① こんなにたくさん、一日じゃ、できっこないよ。
② 相手は去年の優勝チームなんだから、ぼくたちには勝てっこないよ。

～ってば　～ということを強調して言う表現。理解していない相手に対する不満の気持ちを含む。

① ほんとに誰にも言わない？　——言わないってば。
② こんなところにナイフ置いたら、危ないってば。気をつけてよ。

UNIT 2 イントネーションのパターン

第4章 即時応答

POINT

アクセントやイントネーションの違い、音の切れ目の違いによって、表現の意味が異なります。聞き分けられるようにトレーニングしておきましょう。日本語のアクセントは高低アクセントです。

文末に注意！

Differences in verbal accents and stresses, intonation, as well as pauses can cause the meaning of expressions to change. Practice listening so that you will be able to tell the difference. Accents and stresses in Japanese take the form of high and low pitch accents.

根据重音语调的不同、音节停顿的不同表达的意思也不同。要训练能区分听懂。日语的重音是高低重音。

Ý nghĩa câu nói khác nhau tùy theo trọng âm, ngữ điệu, cách ngắt âm. Hãy luyện nghe để có thể phân biệt. Trọng âm trong tiếng Nhật là trọng âm cao và thấp.

EXERCISE

練習 33

Disc 1 — 45

Memo

練習 34

Disc 1 — 46

Memo

問題スクリプトと解答の流れ

練習33　Disc 1　45　　　　　　　　　　　　　正解：3

M：なんか、飲みたくない。
F：1　じゃ、なんか飲もうか。
　　2　じゃ、飲んでみたら？
　　3　じゃ、飲まなくてもいいよ。

最初の発話	「飲みたくない」の文末が下がっていることを聞き取る。
注意点と答えの選び方	「飲みたくない」の文末が上がっていたら、「飲みたいと思いませんか」の意味になり、「2」が正解だが、文末が下がれば、否定の意味となる。

練習34　Disc 1　46　　　　　　　　　　　　　正解：2

M：いつか会えるかな？
F：1　ん、5日の月曜日ね。
　　2　ん、またいつか。
　　3　うん、会えなかったね。

最初の発話	「この先ずっと会えないかもしれない」と思われるような状況での発言。
注意点と答えの選び方	「いつか」と「5日」の音を聞き分ける。

重要語　使い方チェック！

なんか　なんとなく。特に理由はないが（そういう気分・気持ちだ）。

① さっき彼女が言ったこと、**なんか**気になる。　——そう？　考えすぎだよ。
② **なんか**、体がだるい。　——寝不足なんじゃない？
③ どう？　このデザイン？　——うーん、**なんか**、面白くないな。

いつか　いつになるか、わからないが。

① 一度でいいから、アフリカで野生動物を見てみたい。　——**いつか**行けるといいね。
② この調査結果は発表されないの？　——いや、**いつか**発表されるはずだよ。
③ **いつか**、この病気の治療薬ができるでしょう。　——一日も早くそうなってほしいです。

第4章 即時応答

UNIT 3 こそあどのパターン

POINT

会話の中には「コソアド」を使った言葉で特別な意味を持つものがよく現れます。意味を整理し、覚えておくことが大切です。

Oftentimes, words in conversation that use 「コソアド」 can take on special meanings. It is important to take note of these meanings and to remember them.

会话中常使用「コソアド」来表示一些特别的意思。整理一下，记住其各种意思是很重要的。

Trong hội thoại thường có những chỗ mang ý nghĩa đặc biệt do sử dụng 「コソアド」
Việc nắm rõ từng ý nghĩa và ghi nhớ rất quan trọng

こ・そ・あ・ど！

「こそあど」の表現	例文
これはこれは	〈遠くから訪ねて来た客に〉**これはこれは**、ようこそ。
それはそれは	先月やっと退院しました。——**それはそれは**。
あれ	田中さん、**あれ**、用意しておいてくれた？——はい。
それはそう	これはお金がいるんだよね。——**それはそう**だよ。
それはそうと	〈相手の話が終わって〉**それはそうと**、けがはもう治ったんですか。
これと言って	私が生まれ育った町には、**これと言って**特徴はありません。
そうは言っても	森さん、大丈夫かなあ。——**そうは言っても**、彼の仕事だからね。
そう簡単に	いろんなことが関係しているから、**そう簡単に**は決められない。
ああ言えばこう言う	彼は**ああ言えばこう言う**で、人の注意を素直に聞かない。
ああ見えて	彼は**ああ見えて**、優しい人なんですよ。
あちこち	3日間あるので、**あちこち**回ってみようと思います。
どうなることかと思った	危なかったね。——うん。**どうなることかと思った**。
どうってことない	けがをしたって聞いたけど…。——ああ、**どうってことない**よ。
どういうつもり	突然キャンセルしたいって、**どういうつもり**！
どこまで	彼の言うことは、**どこまで**ほんとなのか、わからない。

EXERCISE

練習 35　　Disc 1 47

Memo

練習 36　　Disc 1 48

Memo

問題スクリプトと解答の流れ

練習35　Disc 1　47　　　　　　　　　　　　　正解：2

M：息子がやっと医師の国家試験に合格いたしまして…。
F：1　まあ、**これは、これは**…。
　　2　まあ、**それは、それは**…。
　　3　まあ、あれは、あれは…。

★ 重要語をチェック！
「これはこれは」「それはそれは」

最初の発話	息子が合格したことを喜んでおり、これに対する返答には、祝福や賛辞の言葉が期待される。
注意点と答えの選び方	「これはこれは」の後には「ありがとう」などお礼の言葉がよく来る。「あれはあれは」という表現はない。「それはそれは」は「それはよかったですね」「それはすごいですね」などの気持ちを表し、後には「おめでとうございます」などが来る。

練習36　Disc 1　48　　　　　　　　　　　　　正解：3

F：ねえ、どういうつもり？
M：1　すごくうれしいんだ。
　　2　行くつもりなんだけど。
　　3　本当に申し訳ない。

最初の発話	「どういうつもり？」は相手を責める表現。謝ることや説明することが求められる。
注意点と答えの選び方	1（感想）、2（意志）はFの言葉に合わない。

重要語　使い方チェック！

これはこれは　「これは」を強調した言い方。あるものに感心したり感激したりしたときに使う。少し硬い表現。

① こんにちは。 ――ああ、山田さん。**これはこれは**ようこそ。
② どうです？　この絵。 ――**これはこれは**。見事な作品ですね。

それはそれは　「それは」を強調した言い方。感動や驚きを強調して言うときなどに使う。「それはそれは。」は、相手の話に感心したときなどによく使う。少し硬い表現。

① 先日、孫が生まれたんです。 ――**それはそれは**。
② 長年飼っていた猫が死んだ時は、**それはそれは**悲しかったです。

第4章 即時応答

UNIT 4 賛成と反対のパターン

POINT

日常会話の中には、セットになっている表現があります。これはいわゆる挨拶語のようなものですから、それを知らずにまともに答えれば、不自然な日本語となります。数は多くないので覚えてしまいましょう。

正確に答えるものではない！

Some expressions during regular conversation come in sets. These are similar to so-called "set greetings," so answering these greetings as though they were regular questions will result in unnatural Japanese. There are not many of these to learn, so take the time to remember them.
在日常会话中有很多成套的表现。一般多见于寒暄语。如果不知道，一本正经地回答日语会很不自然。需要成套记住。
Trong hội thoại thường ngày có những cách nói đi theo cụm. Thường là các câu chào hỏi, nếu không biết mà cứ trả lời thành thật thì sẽ thành không tự nhiên. Số lượng những các cách nói này không nhiều nên hay ghi nhớ.

●返答の表現例

寒くなりましたね。	→	そうですね。
お出かけですか。	→	ええ、ちょっとそこまで / 近くまで。
日本語、お上手ですね。	→	いいえ、まだまだです。
お風邪はいかがですか。	→	おかげさまで大分よくなりました。

EXERCISE

練習 37

Disc 1
49

Memo

練習 38

Disc 1
50

Memo

127

問題スクリプトと解答の流れ

練習37　Disc 1　49　　　正解：1

M：お先に失礼します。
F：1　お疲れ様でした。
　　2　本当に失礼ですね。
　　3　お先にどうぞ。

ことばと表現
□ ねぎらう：その人の苦労や働きに対して、感謝や評価の気持ちを表すため、優しく声をかける。

★ 重要語をチェック！「先」

最初の発話
「お先に失礼します」は、その場に人を残して自分が先に帰るときの表現。

注意点と答えの選び方
帰る人に対しては、労を＊ねぎらう言葉をかけるのが普通。

練習38　Disc 1　50　　　正解：2

M：これ、お口に合いますかどうか…。
F：1　ちょっと大きいようですね。
　　2　まあ、いつも**すみません**。
　　3　合うかどうか、試してみます。

★ 重要語をチェック！
「すみません」

最初の発話
「お口に合う」は、「（味がその人の）好みに合う」という意味。Mの言葉は「（あなたが）おいしいと思うかどうかわからないが、よければ食べてください」の意味。

注意点と答えの選び方
食べ物や飲み物を差し出されたときに言う言葉→お礼を述べている「2」が正解。

重要語　使い方チェック！

先　前のほうにあることを表す。

① ちょっと電話するから、**先**に食べてて。
② 100メートルぐらい**先**に銀行がありますよ。
③ しばらく忙しいから、引っ越しは半年**先**になる。

すみません　感謝の表現としても使われ、相手の気遣いや手間に対する「申し訳ない」という気持ちを含む。

① 荷物、ここに置けばいい？　——**すみません**、重いのに。
② 連絡しておいたからね。　——**すみません**。ありがとうございます。

第4章 即時応答

UNIT 5 賛成と反対のパターン

POINT

会話表現の中には、その表現だけで「賛成〔プラス〕」の意味を持つものと「反対〔マイナス〕」の意味を持つものがあります。これを使うことによって、結論まではっきり言わなくても、自然な会話の流れができます。

Some expressions in dialogue can be positive or negative when used just on their own. Using these can allow for a natural flow of conversation without having to specifically state a conclusion.

在会话表达中，其表达有「赞成（褒义）」的意思，也有「反对（贬义）」的意思。这种表达一般不需要清楚地说到结论就明白其意，是很自然的会话表达方式。

Trong hội thoại, có những cách nói mà chỉ cần nói như vậy cũng mang nghĩa là "tán thành 'tích cực'" hoặc "phản đối 'tiêu cực'". Nhờ cách nói này mà không cần nêu rõ kết luận cũng vẫn tạo được mạch nói chuyện tự nhiên.

プラスと マイナス!!

EXERCISE

練習 39

Disc 1
51

Memo

練習 40

Disc 1
52

Memo

問題スクリプトと解答の流れ

練習 39 Disc 1 R 51　　　　　　　　　正解：3

M：田中さんに言うんじゃなかった。
F：1　じゃ、言ったほうがいいよ。
　　2　よかったね。安心したでしょ。
　　3　でも、言っちゃったんだから、**しょうがない**よ。

★ 重要語をチェック！
「しょうがない」

最初の発話　「〜んじゃなかった」は、してしまったことに対する「後悔」のマイナス表現。

注意点と答えの選び方　失敗や後悔の気持ちを表す「〜ちゃった」がポイント。

練習 40 Disc 1 R 52　　　　　　　　　正解：2

M：**まったく**、どうなることかと思ったよ。
F：1　残念ですが、あきらめてください。
　　2　すみません、ご心配をおかけして。
　　3　はい、力いっぱい頑張ってきます。

★ 重要語をチェック！
「まったく」

最初の発話　「どうなることかと思った」は「心配したけど、大丈夫だった」ときの表現。「まったく」「よ」は、心配させた相手をちょっと責める意味を含む。

注意点と答えの選び方　心配をかけた相手に謝る気持ちを含む「2」が正解。

重要語　使い方チェック！

しょうがない　「(不満や問題はあるが) いい方法がない」という意味で、あきらめの気持ちを表す。

① あーあ、電車行っちゃったね。　――**しょうがない**。次のに乗ろう。
② 先のことはどうなるかわからないんだから、今から心配しても**しょうがない**よ。

まったく　本当に。不満やあきれる気持ちを強調する表現。

① 田中さんは時間を間違えて、ちょっと遅れるそうです。――だから注意したのに。**まったく**！
② 青木さんのおかげですよ。私の先生です！　――**まったく**。よく言うよ。

第4章 即時応答

UNIT 6 意味が複数あるパターン

POINT

文字で見れば同じなのに、意味が異なる表現があります。つまり、複数の意味を持つ表現です。しっかり意味を押さえておかなければ、会話がつながらなくなってしまうので、注意しましょう。

その意味、どの意味？

すみません	a. **すみません**、今、何時でしょうか。	声かけ
	b. 遅れて**すみません**。	ごめんなさい
	c. いただくばかりで、**すみません**。	ありがとう
よろしく	a. ジョンです。**よろしく**。	今後の付き合いを頼む
	b. おかあさんに**よろしく**。	厚意を伝える
	c. あとは**よろしく**。	適当に／お任せします
どうも	a. これ、どうぞ。 －**どうも**。	ありがとう
	b. **どうも**よくわからない。	どうしても
	c. **どうも**ご苦労様。	本当に
	d. **どうも**調子が悪い。	なんだか
	e. **どうも**。	どうも：会った時の挨拶
どうぞ	a. **どうぞ**お一つ。	人に勧める・促す
	b. **どうぞ**お願いします。	どうか／なんとか
いい	a. **いい**人だ。	良い／優しい／善良な
	b. 人が**いい**。	お人よし
	c. 連絡は**いい**。	いらない／不要
	d. 書き**いい**ペンだ。	～やすい／快適な
	e. これが**いい**。	選択する
	f. **いい**な～旅行か。	うらやましい
	g. **いい**値段するね。	高い／かなりの

EXERCISE

練習 41　Disc 1 　53

Memo

練習 42　Disc 1 　54

Memo

問題スクリプトと解答の流れ

練習41　Disc 1　53　　　　　　　　　　　　正解：3

M：ビールはいいですから。
F：1　はい、すぐお持ちいたします。
　　2　はい、とてもいいですよ。
　　3　はい、キャンセルですね。

最初の発話　「〜はいいです」や「〜は結構です」は、「断り」の表現。

注意点と答えの選び方　「お持ちします」は「持ってくる」の謙譲語。

練習42　Disc 1　54　　　　　　　　　　　　正解：3

M：彼の意見はちょっとね。
F：1．ほどほどにしておいてください。
　　2．とてもいいということですね。
　　3．あまり賛成ではないということですね。

最初の発話　「〜はちょっと」はで、「断り」「不賛成」「低い評価」などの意味。この場合、どの意味かを考える。

注意点と答えの選び方　1「ほどほど」は「（多すぎたり強すぎたりしない）ちょうどよい程度」。

重要語　使い方チェック！

〜はいい　〜は結構です。

① ご一緒にポテトはいかがですか。　――ポテトはいいです。
② 一郎さんも一緒に写真、どうですか。　――ああ、ぼくはいいです。

〜はちょっと
「〜はちょっと苦手です/賛成できません/都合が悪いです/困ります」などが短くなった形で、否定的・消極的な見方を表す。

① この近くに、おいしい魚料理の店があるんだけど。　――魚はちょっと…。
② じゃ、日曜日に会いましょうか。　――日曜ですか。日曜はちょっと…。

第4章 即時応答

UNIT 7 省略のパターン

POINT

会話の途中で止めたり、文を最後まで言わなかったりして、後の部分を省略する表現があります。言いにくいことを話すときによく使いますが、その場の状況から後の展開を推測します。「が…」「けど…」「のに…」「だから…」「ので…」など、接続の言葉の後の省略や、「〜わけには…」「そんなはずは…」など、表現文型が途中から省略された形も多く見られます。

Some expressions stop mid-conversation or before the end of a sentence, omitting the final part. These are often used when something is difficult to say, but what the speaker wants to say can be presumed based on the situation. This frequently takes the shape of omitted ends of sentences after conjunctions such as 「が…」「けど…」「のに…」「だから…」「ので…」, as well as mid-expression omissions such as 「〜わけには…」「そんなはずは…」.

有的话只说到中途，后半话不说省略。常用于不好开口直说的时候。不过可根据当时的状态，可以展开对后半话的推测。用「が…」「けど…」「のに…」「だから…」「ので…」来省略后半话。还常见用「〜わけには…」「そんなはずは…」来表示中途省略。

Trong hội thoại có những cách nói bị dừng giữa chừng, không nói hết câu, lược bỏ phần cuối. Những cách nói này thường dùng khi có điều khó nói, tuy nhiên từ bối cảnh đó mà đoán diễn biến tiếp theo. Có nhiều cách lược bỏ như lược bỏ phần sau của từ nối như「が…」「けど…」「のに…」「だから…」「ので…」hay lược bỏ từ đoạn giữa các mẫu câu ngữ pháp như「〜わけには…」「そんなはずは…」.

その場の状況は？

EXERCISE

練習 43

Disc 1 — 55

Memo

練習 44

Disc 1 — 56

Memo

問題スクリプトと解答の流れ

練習 43　Disc 1 R 55　　　　　　　　　　　　　　正解：2

M：あのう、私のような者がこんなこと申し上げては何なんですが…。あの方に限ってそのようなことは…。
F：1　ええ、あの方に限ったのは間違いでした。
　　2　ええ、私どももそう信じたいんですが…。
　　3　ええ、あなたのような方に申し上げているんです。

★ 重要語をチェック！
「～に限って…ない」

最初の発話
「私のような者」は自分を下げた表現。「何なんですが…」は言いにくいことを述べるときの表現。「Aに限って～ない」は「Aが～する可能性」を強く否定する表現。ここでは「～ない」の部分が省略されている。

▼

注意点と答えの選び方
「1」は「あの人だけというのは間違い」という意味。「3」は「あなたに言っているのだ」の意味。

練習 44　Disc 1 R 56　　　　　　　　　　　　　　正解：3

M：わかってはいたんですが…なかなか時間がですね…何とか努力はしてみたんですが…。
F：1　よかった、心配していたんですよ。
　　2　わかっていますね。努力は大切です。
　　3　そうですか、やむを得ませんね。

★ 重要語をチェック！
「やむを得ない」

最初の発話
Mの言葉をまとめると「わかっていたが、時間がなかった。努力してみたが」ということ。ポイントは「努力したが」。結局、「だめだった」ということが予想される。

注意点と答えの選び方
「やむを得ません」は「仕方がない」の意味。

重要語　使い方チェック！

～に限って…ない
「～だけは…するようなことはない」「その心配はない」と、可能性を強く否定する表現。

① 彼女に限って、そんなことを言うはずが**ない**。
② 一回出した料理をまた出す、なんてことはしてないですよね。——うちの店に限ってそんなことは**ありません**。

やむを得ない
そうするよりほかに方法がない。

① やはり今回は中止ですか。——残念だけど、**やむを得ません**ね。
② どうする？　あきらめる？——うん…。**やむを得ない**んじゃない？

第4章 即時応答

UNIT 8 擬音語・擬態語のパターン

♪ POINT

「擬音語」は「音」、「擬態語」は「様子や形」「態度」について、細かいニュアンスやイメージを感覚的に表わす言葉です。日本語の会話では、この「擬音語・擬態語」をよく使います。多いのは、「にこにこ」のように同じ言葉を繰り返すものです。ここから新たに、「にこっ」のようにその一部を使ったものや、「にこり」のように「り」を付けたものができることもあり、同じような意味を持つ言葉として使われます。特に「は行」は、「は・ば・ぱ」のように3つのバリエーションがあるので、注意が必要です。

⇒「擬音語・擬態語の例」を参照 ⇒ p.139

Onomatopoeia refer to sound, while mimetic words refer to appearances, shape, or attitudes. These are words that create intuitive feelings of detailed nuances or images. Frequently, these take the form of a repeated word, such as「にこにこ」. From there, segments may be used, as in「にこっ」, or other characters may be added, as in the「り」in「にこり」in order to create other words with the same meaning. In particular, be careful with the「は行」, as it has three variations, such as「は・ば・ぱ」.

「拟声词」是对「音」,「拟态词」是对「样子、形状」,「态度」从感觉上表达其细节的语气及印象的词。在日语的会话中常常使用「拟声词·拟态词」。常见的有像「にこにこ」这样的重复同一词语的发音，还有「にこっ」这样只使用一部分的，还有「にこり」这样加上「り」的，都是表示同一意思。特别是「は行」里有「は・ば・ぱ」三种变化，需要注意。

Từ "tượng thanh", "từ tượng hình" là từ miêu tả sắc thái, ý nghĩa của âm thanh, hình ảnh theo cảm giác. Hội thoại tiếng Nhật thường hay sử dụng "từ tượng thanh", "từ tượng hình". Thường là từ láy như「にこにこ」. Có thể sử dụng một phần của từ như「にこっ」hoặc thêm「り」vào như「にこり」và sử dụng như từ có cùng nghĩa. Đặc biệt, hàng「は行」có 3 biến thể là「は・ば・ぱ」nên cần phải chú ý.

音か様子か…？

EXERCISE

練習 45

Disc 1 57

Memo

練習 46

Disc 1 58

Memo

問題スクリプトと解答の流れ

練習 45　Disc 1 57　正解：2

M：くどくど言うつもりはないんだけど…。
F：1　じゃ、適当でいいですよ。
　　2　じゃ、いいよ。言わなくて。
　　3　じゃ、もう一回言ってもらえますか。

★ 重要語をチェック！
「～つもりはない」

最初の発話　「くどくど」は、「同じことをしつこく、くり返し言う様子」。人に注意や説明をする様子について言うことが多い。

注意点と答えの選び方　「くどくど言われる」側は、いい気分にならないのが普通。

練習 46　Disc 1 58　正解：3

M：なんか、どんよりしてるね。
F：1　うん、くさいね。
　　2　うん、汚いね。
　　3　うん、曇ってるね。

最初の発話　「どんより」は「空が曇っていたり、水が濁っている様子」。鈍い、重たい感じを伴う。

注意点と答えの選び方　きれい（clean）かどうかより、澄んでいる（clear）かどうかがポイント。

| 重要語 | 使い方チェック！ |

～つもりはない　意志を表す表現で、「そういう考えはない」という意味。

① 一度、彼と話してみたら？　――ぼくが？　いえ、会うつもりはないです。
② 私を非難するの？　――そんなつもりはないよ。

第4章 即時応答

UNIT 9 慣用句のパターン

POINT

日本語には多くの慣用表現があります。同じような意味の言葉を集めて、整理しながら覚えるといいでしょう。

Many idioms exist in Japanese. Gather words with similar meanings and sort through them as you remember them.
日语中有很多惯用表现。将同样意思的词语收集起来，整理出来记比较好。
Trong tiếng Nhật có nhiều cách nói quán dụng. Hãy tập hợp những từ có cùng ý nghĩa, sắp xếp lại và ghi nhớ.

セットで覚える！

1) 水と油・天と地　〈違う〉
　a. あの二人は**水と油**だから、いつもけんかをしている。（性格が反対、合わない）
　b. 作品の出来栄えは、先生と私では**天と地**ほど違う。（大きな差がある）

2) びくともしない・尻に根が生える　〈動かない〉
　a. その大きな岩は、3人で押しても**びくともしなかった**。（少しも動かない）
　b. あ～動くのがつらい。**お尻に根が生え**ちゃった。（そこに落ち着いて、動かなくなる）

3) 遅れをとる・引けをとる　〈負ける〉
　a. しばらく練習を休んでいたから、ライバルに**遅れをとった**。（差をつけられる）
　b. 彼女の料理の腕前は、プロの料理人にも**引けをとらない**。（劣る）

4) 腰を抜かす・泡を食う　〈驚く〉
　a. 結婚式でいきなりスピーチを指名されて、**泡を食った**よ。（驚きあわてる）
　b. その話を聞いた時は、**腰を抜かす**ほど驚きました。（とても驚く）

5) 手が離れる・手を切る　〈関係がなくなる〉
　a. 子供の**手が離れ**たら、また仕事をしようと思う。（子供が成長して、世話が必要でなくなる）
　b. ちょっとこっち来て。──ごめん、今、**手が離せ**ない。（仕事が片付いて自由になる）
　c. あんな人たちとは早く**手を切った**ほうがいい。（関係を切る）

EXERCISE

練習 47　　Disc 2 — 1

Memo

練習 48　　Disc 2 — 2

Memo

問題スクリプトと解答の流れ

練習 47 Disc 2-1　　　正解：1

M：いや～、その話を聞いて、泡を食ったよ。
F：1　それは部長、驚かれたでしょうね。
　　2　それは部長、お怒り、ごもっともです。
　　3　それは部長、お寂しいでしょうね。

最初の発話　「泡を食った」は「驚きあわてる」という意味。

注意点と答えの選び方　2「（ご）もっとも」は「そのとおり」という意味。「泡を食う」には、怒りの感情は特に含まれない。

練習 48 Disc 2-2　　　正解：1

F：貯金したほうがいいんじゃない？　結婚できないよ。
M：1　大きなお世話だよ。
　　2　大きな顔するな。
　　3　大口をたたくな。

最初の発話　相手に対し、（足りない点を指摘し）助言をしている内容。

注意点と答えの選び方　「大きなお世話だ」は「関係ないことに口を出すな」、「大きな顔をする」は「偉そうにでしゃばる」、「大口をたたく」は「できもしないことを言う」。

重要語　使い方チェック！

大きなお世話　関係がないのに、意見を言ってきたりすること。迷惑に感じたときに使う表現。
例　そんなに食べたら太るぞなんて、**大きなお世話**よ。

大きな顔をする　威張った態度をとるなど、謙虚でない様子。
例　ちょっと人より詳しいからといって、**大きな顔をしない**でほしい。

大きな口をたたく　実力がないのに、威張った態度で、実際はできないようなことを言ったりする。
例　一人で生きていくなんて、**大きな口をたたかない**でほしい。

● 擬音語・擬態語の例　⇒ p.135（Unit 8）

〈は・ば・ぱ〉
- 桜が**はらはら**と散っている。（小さいものや軽いものが、静かに落ちる）
- 最初はみんな一緒にいたけど、人混みがすごくて**ばらばら**になってしまった。（一つだったものが細かく分かれる）
- 雨が**ぱらぱら**降ってきた。（細かい状態）

〈ひ・び・ぴ〉
- やけどした手が**ひりひり**する。（熱や痛みを感じる）
- 電気のスイッチを触ったら、**びりびり**した。（電気が通る感じ）
- 社長が支社に来る日は、みんな**ぴりぴり**する。（緊張する）

〈ふ・ぶ・ぷ〉
- あの人、**ふらふら**しているけど、大丈夫？（安定せず揺れている）
- 街を**ぶらぶら**歩いた。（目的なくのんびり歩いている）
- 学校を卒業してしばらくの間、**ぷらぷら**していた。（目的や予定などがなく、適当に過ごす）

〈へ・べ・ぺ〉
- **へらへら**笑ってる場合じゃないだろ。（軽々しい態度で何も考えずに笑っている様子）
- 彼女はすぐ**べらべら**人にしゃべるんだよね。（何も考えずによくしゃべる）
- 英語が**ペラペラ**なんですね。（外国語を自由に話せる）

〈ほ・ぼ・ぽ〉
- 鳥が**ほろほろ**鳴いている。（山鳥などが鳴く）
- 服が破れて**ぼろぼろ**だ。（傷や穴ができたり崩れたりする）
- **ぽろぽろ**涙をこぼした。（こぼれ落ちる）

🛈 覚えておこう

出題が予想される場面・話題・質問

予想される会話の場所と会話の相手

友達や家族など、親しい間での短い会話が多い。
- 場所は不明…親しい間での会話（友達や家族などが相手）。
- 学校…学生と先生、学生同士、学生と職員。
- オフィス…部下と上司、同僚同士。
- 店・公共施設…客と店員、利用者と職員。
- 街の中…知らない人と。

予想される組み合わせのパターン

- 依頼する・お願いする　⇒応じる、（柔らかく）断る、謝る
- 希望・意志を伝える　⇒了解する
- 誘う・勧める・提案する　⇒応じる、（柔らかく）断る、礼を言う・謝る
- 心配する・励ます　⇒礼を言う
- 注意する・助言する　⇒了解する、礼を言う
- 指示する　⇒了解する、確認する
- 尋ねる・質問する　⇒答える・説明する、わからない（と伝える）
- 不満や愚痴を言う・文句を言う　⇒励ます、謝る
- 残念がる・悔やむ　⇒心配する・励ます
- 日常的な挨拶をする　⇒決まり文句
  　（会った時、別れる時、帰る時、電話で話す時

PART 2 対策編

第5章 統合理解

UNIT 1 2人以上の会話を聞くパターン

1. 2人以上が一つのことについて話すパターン
2. 3人がばらばらの立場で話すパターン

UNIT 2 1人の話を受けて、2人が会話するパターン

1. 4つの選択の間で、条件が単純にプラスされていくパターン
2. 4つの選択の間にプラス・マイナスがあるパターン
3. 目的に合わせるパターン
4. 未整理の情報から必要な情報をピックアップするパターン

❓ どんな問題？

「統合理解」は、複数の話し手からの情報をまとめながら、重要なポイントをつかむ問題です。誰にどんな情報が必要なのか、会話の中に出てくる人物の事情に合わせて聞き取る必要があります。

⚙ 出題の基本パターン

まず、短い状況説明の文が流れ、次に少し長い話が続きます。長い話の前に、質問文は流れません。長い話と答え方には、2つのパターンがあります。

(1) 家族や友人など二人以上が会話をするパターンで、選択肢も音声で示され、質問は一つです。
(2) 一人の話を聞いた後、別の二人が会話をするパターンで、選択肢は文字で示され、質問は二つです。

(1)のパターン

文字情報　　　　　　　　　　　　　　※この部分は文字と音声の両方です。

> この問題では長めの話を聞きます。この問題には練習はありません。
> メモをとってもかまいません。
>
> **1番、2番**
> 問題用紙に何も印刷されていません。まず話を聞いてください。それから、質問とせんたくしを聞いて、1から4の中から、最もよいものを一つ選んでください。
> では、始めます。
>
> ― メモ ―

音声情報

【状況文】誰がどこで話しているのかを聞き取ります。

🔊 会社で、課長と部下が話しています。

【会話文】2〜3人の長い会話が流れます。

F1：課長、次の展示会の会場はどこにしましょうか。
F2：新国際展示場は？ 広さがあるし、新しくて明るいでしょ。
M1：それはそうですが、アクセスが…。私は都心の方の会場がいいかと。
F2：いつもの貿易会館でしょ。あそこは広さがねぇ…。田中さんの意見は？
F1：レジャー関連の展示ですから、森林公園が近い新国際はいいと思います。でも、海が目の前の貿易会館も捨てがたいです。
F2：両方いってこと？ アクセスはどっちがいいの。
M1：貿易会館はモノレールと地下鉄、新国際は新都市交通のトラムです。この時期は、モノレールとトラムは雪の影響を受けることも考えられますが。あと、ほかの催し物と重なると、混雑が増します。今回はその可能性が大です。
F1：都心の方はアクセスが分散されて、1か所に集中することはないと思いますけど…。広さが問題ですね。
M1 そうだ！ 古い会場を使うという手もありますね。広さは十分です。料金がちょっと高くなりますが。
F2：ああ、貿易会館のね。じゃ、今回は広さとアクセスで決めましょうか。時期も時期ですからね。

長い会話のあとに、質問文と選択肢が4つ流れます。問題用紙に選択肢は書かれていません。最も良いものを一つ選びます。

【質問文】

展示会の会場はどこにしますか。

【選択肢】

1 貿易会館の新しい会場
2 貿易会館の古い会場
3 新国際展示場の新しい会場
4 新国際展示場の古い会場

解き方のポイント

質問文は、長い会話を聞いてからしか流れません。メモを取れたら取りましょう。特に、①話の流れ、②対照的な関係（情報）、③一人ひとりの意見や状況、立場の違い、に注意します。

(2)のパターン

文字情報

質問1の選択肢と質問2の選択肢を読んで、どんなトピックなのかを推測します。選択肢は同じ内容ですが、二人の意見や立場、状況は異なる（※ 同じ選択をする可能性もある）ので、注意します。それぞれの質問が誰のことを聞いているのか、しっかり聞き取りましょう。

※この部分は文字と音声の両方です。

まず、話を聞いてください。それから、二つの質問を聞いて、それぞれ問題用紙の1から4の中から、最もよいものを一つ選んでください。では、始めます。

質問1
1 行動的タイプ
2 社交的タイプ
3 専門家タイプ
4 支援者タイプ

質問2
1 行動的タイプ
2 社交的タイプ
3 専門家タイプ
4 支援者タイプ

音声情報

【状況文】誰がどこで話しているのかを聞き取ります。

🔊 テレビでほめ方の話をしています。

【会話文】2〜3人の長い会話が流れます。

🔊 M1：今日は、タイプ別のほめ方のコツについて、お話しします。ご紹介するのは、ビジネスにおいて、人材育成や交渉などに有効な方法としてよく取り上げられているタイプ分けです。それによると、一つは「行動的で、指示されるより指示するタイプ」。次に「アイデア豊かで社交的なタイプ」。三つ目は「情報収集や分析が得意な専門家タイプ」。最後に「協力的で、人を支えるタイプ」。以上4つのタイプごとに効果的なほめ方があります。最初の「行動的なタイプ」は結論優先。くどくど話されるのを嫌うので、ほめるときは短い言葉で端的に。2番目の「社交的なタイプ」は、基本的にどんなほめ言葉でもOKです。細かいことにこだわりません。3番目の「専門家タイプ」は、ちゃんと理由を述べ

た上でほめないと、納得しません。最後の「人を支えるタイプ」は感謝の言葉とともにほめます。このように、人をほめること一つをとっても、相手に合わせたやり方があるということです。

M2：でもさ、ほめることって、そんなに必要かなあ。

F1：鈴木さんらしいね。こだわりを持つ人は、単純にほめても、素直に受け入れないからね。

M2：確かにね。適当にほめられても、別に嬉しくない。森さんは単純すぎるんだよ。何を言われてもにこにこしてるけど、本心じゃないかもしれないでしょ。

F1：いいのいいの、お世辞でも何でも。それでやる気になるんだから。試しにちょっとほめてみてよ。

M2：うーん、飽きっぽくて、忘れっぽくて、計画性がなくて…。

F1：それ、ほめてないじゃん。

M2：いやいや、そういう大ざっぱなところに癒されるんだよ。

F1：何それ。…ま、いいや。ほめてくれたんだよね。

【質問文】質問文が2つ流れます。

質問1　この男の人はどのタイプですか。
質問2　この女の人はどのタイプですか。

何の話？	選択肢から人のタイプ分けの話だと推測する。状況文から「ほめ方の話」だと理解する。

タイプ別のほめ方の特徴をメモする。
選択肢の横に書き込むと早い。

1　短い言葉
2　どんな言葉でも
3　説得力
4　感謝

会話文を聞く：2人のそれぞれの特徴を聞き取る。
男性は「こだわりがある」「理由もなくほめられてもうれしくない」、女性は「何を言われても、うれしい」を聞き取る。

答えを選ぶ：男性は「3」だとすぐにわかりますが、女性は消去法で「2」。

解き方のポイント

二人の状況を正確につかむことが必要。二人の会話の流れの中で、意見の変化や、相手への勧め、不同意、納得などの展開がありますから、話の流れをしっかり追いましょう。質問は会話を聴き終わってからしか流れませんので、聞き取れた情報（の一部）をメモできたら、そのほうが安心です。

🛈 覚えておこう

出題が予想される場面・話題・質問

予想される会話の場所

- 店・売り場…友達、家族。
- 家など…家族（夫と妻、親と子など）。
- 学校（趣味の講座なども含む）…友達、家族。

予想される話題・状況

基本的なのは、どれにするか、選択をする場面。

- コース…授業のコース、旅行・活動のプログラム
- 商品・チケット…商品のタイプ・種類、メニュー
- 場所…行き先
- 方法…問題の解決方法
- 行動…何をすることにしたか

予想される質問

- 男の人は何を〜ますか。
- 女の人は何を〜ますか。
- 男の学生はどの〜を選びましたか。
- 女の学生はどの〜を…することにしましたか。

第5章 統合理解

UNIT 1 会話の流れを読むパターン

1 2人以上が一つのことについて話すパターン

♪ POINT

2人以上の会話を聞いて、あるテーマについての2つ以上の意見や情報を整理しながら、総合的に判断する問題です。重要な情報と、そうでない情報を聞き分けるのがポイントです。

重要な情報かどうか、聞き分けよう！

In these questions, you must listen to a conversation two or more people are having and understand two or more opinions or pieces of information in order to make an overall decision. It is important to be able to listen and tell what information is important, and what information is not important.

这是一个听两个人以上的会话，关于一个题目整理出两个以上的意见、情报来做综合判断的问题。重点在于区分听出重要情报与不重要的情报。

Là phần thi nghe hội thoại của hai người trở lên, sắp xếp 2 thông tin và ý kiến trở lên về một vấn đề nào đó và phán đoán tổng hợp. Điểm mấu chốt là nghe và phân biệt thông tin quan trọng và thông tin không quan trọng.

EXERCISE

練習 49

Disc 2
3

Memo

練習 50

Disc 2
4

Memo

147

問題スクリプトと解答の流れ

練習 49　Disc 2 ③

正解：2

店で、男の人が店員と話しています。

M：あのう、**靴の消臭スプレーを探している**んですが、いろいろあって、よくわからなくて…。

F：はい、目的に合わせて、お選びいただけるようになっております。こちらにございますのは、**朝、靴を履く前にさっと一吹き**していただきますと、素早く乾燥させて、効果は一日中というアサバンという商品でございます。

M：朝、1回だけでいいの？　便利だな。これは？

F：はい。こちらは、**寝ている間に**汗のにおいを取り、菌の繁殖を防ぐヨルバンです。そしてこちらが、**衣替えに合わせて使うタイプで、靴を長期保存するのに最適な**ナガバン。カビを押さえて効果の持続性を高めております。

M：へぇ～。そんなのもあるんだ。

F：そして、こちらは女性の方の**ハンドバックに簡単に収まるようデザインされた**カルバンです。即効性、速乾性に優れています。

M：なるほど、携帯する**のにいい**んだ。

F：こちらは今お求めいただきますと、通常1本1000円のものに1本お付けして、2本1000円とさせていただいております。また、3本以上お買い求めいただきますと、さらにお得に…

M：わかりました。じゃ、**毎日使いたい**んだけど、**朝は忙しくて忘れそう**だから、これください。

男の人はどれを買いますか。
1　アサバン
2　ヨルバン
3　ナガバン
4　カルバン

📕 ことばと表現

- □ 消臭：臭いを消すこと。
- □ 素早く：quickly／麻利、机敏／ngay lập tức
- □ 菌：bacteria／细菌／vi khuẩn
- □ 繁殖（する）：to grow, to reproduce／繁殖／phồn thực
- □ 衣替え：季節が変わる時に、服を入れ替えること。
- □ 最適（な）：most appropriate／最合适、最适宜／thích hợp nhất
- □ 持続性：continuity／持续性／tính liên tục
- □ 収まる：その中に全部入る。
- □ 即効性：すぐに効果が現れること。
- □ 速乾性：すぐに乾くこと。
- □ 買い求める：買う。

★ 重要語をチェック！
「さっと」「～のにいい」

| どんな状況？ | 男の人は靴の消臭スプレーを買いたい。女の人は商品の説明をしている。 |

▼

| 何がテーマ？ | 商品選び。商品それぞれの特徴に対して、自分の希望に合うものはどれか。 |

▼

| 注意点と答えの選び方 | たとえ長所でも、自分の希望と関係なければ意味がない。男の人が最後に言った言葉「ぼくが」「毎日」「朝は忘れそう」から考える。 |

キーワードをキャッチ

「靴の消臭スプレーを探している」「朝、靴を履く前に」「寝ている間に」「衣替えに合わせて使うタイプで、靴を長期保存するのに最適な」「ハンドバックに簡単に収まるようデザインされた」「毎日使いたい」「朝は忙しくて忘れそう」

① 会話の流れを読むパターン

練習 50　　　　　　　　　　　　　　　　　　　　　　正解：4

レストランで、夫婦が店員と話しています。

F1：いらっしゃいませ。何名様でいらっしゃいますか。
F2：2人です。
F1：タバコは吸われますか。
M：いいえ。
F1：すみません、ただ今、禁煙席は満席になっておりまして、お待ちいただくことになりますが。
F2：待つって、どれくらい？
F1：そうですね…20分ぐらいでご案内できると思いますが。
F2：20分？　ねえ、どうする？　映画が始まるの、何時だったっけ。
M：1時からだよ。ささっと食べちゃえば、間に合うんじゃないの？
F2：え〜、いやよ。ここのランチ、おいしいんだから。ささっと食べる**なんて**、できない。
M：じゃ、ほかの店に行こうか。映画の後ってのはなしね。3時過ぎちゃうから。
F2：でも、**この時間帯じゃ、どこも並んでるね**、きっと。
M：じゃ、待つか、喫煙席でがまんするか…。
F2：でも、ほかの人の吐き出した煙、吸いながら食事なんて、絶対いや。
F1：お客さま、あちらのテラス席でしたら、ご案内できますが…。
M：ああ、あそこか。ちょっと寒いかもしれないけど、いいんじゃない？
F2：あそこも禁煙？
F1：いえ、喫煙席ですが…。まだ、どなたもいらしてませんので…。
F2：じゃ、**仕方ない**わね。

夫婦はどこで食事をしますか。

1　室内の禁煙席
2　室内の喫煙席
3　外の禁煙席
4　外の喫煙席

📖 **ことばと表現**

- □ **禁煙席**：Non-smoking seat ／禁烟座位／ ghế cấm hút thuốc
- □ **ささっと**：時間をかけないで済ませる様子。
- □ **テラス席**：terrace ／凉台座位／ ghế ban công
- □ **喫煙席**：smoking seat ／吸烟座位／ ghế hút thuốc

★ **重要語をチェック！**
「〜なんて」「しかたない」

どんな状況？　レストランに着いたが、禁煙席が満席。

何がテーマ？　どこで食べるか。ほかの店を探すか、喫煙席でがまんするか…。

注意点と答えの選び方　「禁煙席」と「喫煙席」が何回か出てくる→混乱しないこと。困難な状況に対し、「がまんするしかない」とあきらめる気持ちの流れをつかむ。〈「喫煙席」→ NO〉と決めてしまわない。

キーワードをキャッチ　「この時間帯じゃ、どこも並んでるね」「絶対いや」「ちょっと寒いかもしれないけど、いいんじゃない？」「しかたない」

| 重要語 | 使い方チェック！ |

練習 49

さっと 動きが軽く、速いこと。

① テーブルは**さっと**拭くだけでいいよ。
　　――わかった。
② どう？　私の文章、変なところ、なかった？
　　――**さっと**見ただけだけど、特になかったよ。
③ 次の駅で一人のおばあさんが乗ってくると、彼女は**さっと**立ち上がって、席を譲ったんです。

～のにいい ある目的に合っていることを表す表現。

① 肌**にいい**食べ物って、例えば何？
　　――リンゴとかアーモンドとか。
② このバッグは、ノートパソコンを入れる**のにいい**ね。
　　――うん、ちょうどいいね。
③ その店は待ち合わせする**のにいい**んですよ。
　　――そうなんですか。

練習 50

～なんて そんなことは考えられない、全く必要でないと、強く否定する気持ちを表す。

① これ買うの？
　　――え？　買う**なんて**言ってないよ。見てるだけ。
② 彼女がたばこ**なんて**吸うはずないじゃない。別の人だよ。
③ テレビ**なんて**なくていいよ。それより眺めのいい部屋がいい。

仕方ない どうすることもできない。ほかにいい方法がない。

① この金額じゃ、買えないよ。
　　――**仕方ない**。あきらめよう。
② どうして行かなかったの？
　　――仕事が終わらなかったから、**仕方なかった**んだよ。
③ 誰も知ってる人、いなかったの？
　　――そう。**仕方ない**から、自分で調べたよ。

2 3人がばらばらの立場で話すパターン

POINT

3人それぞれによるばらばらの話を整理しながら、総合的に判断する問題です。何がテーマなのか、話の中心かをつかむのがポイントです。

何が話の中心か、しっかりとらえよう！

In these questions, you must understand different things being said by three individuals in order to make an overall decision. It is important to understand what theme is at the heart of the conversation.

这是一个整理三人各自分散的话题来做综合判断的问题。重点在于抓住什么是主题及话的中心。

Là phần thi sắp xếp nội dung câu chuyện rời rạc của 3 người trở lên và phán đoán tổng hợp. Điểm mấu chốt là nắm bắt được trọng tâm của câu chuyện xem đề tài là gì.

EXERCISE

練習 51

Memo

Disc 2 — 4

練習 52

Memo

Disc 2 — 6

問題スクリプトと解答の流れ

練習51　Disc 2 TR 5　　　　　正解：3

女の人が、夫と娘と話しています。

M：最近、どうも便秘**がち**だなあ。
F1：便秘？　下痢じゃなかった？
M：便秘と下痢の繰り返しかな…。
F2：あ、それって、ストレスだって。テレビで言ってた。<u>食物繊維も負担になるから、細かく刻んだり、よく煮込んだりしたほうがいいんだって。</u>
F1：そうだったの…。自分が便秘**気味**なもんだから、ついつい野菜サラダをたくさん出してたけど、負担だったのね。で、あなたはどこか悪くないの？
F2：<u>私は冷え性</u>。手足がすぐ冷たくなる。それに、朝はコーヒーだけだし、運動しないし、甘いものばかり食べてるし…。あまり健康的じゃないな。
M：運動しろよ、運動。毎日駅まで歩く、とか。運動が一番だよ。
F1：コーヒーだけっていうのもね…。<u>ちょっとでも食べたほうがいいよ。</u>
F2：わかったって。でも、なんだか、うち中、調子悪いって感じ。
F1：大丈夫。私が朝、何か用意するから。

女の人は明日の朝、家族のために何を用意しますか。
1　熱いコーヒー
2　冷たい牛乳
3　温かい野菜スープ
4　食物繊維の多い野菜サラダ

📖 ことばと表現

□ 便秘(する)：constipation ／便秘／ táo bón
□ 下痢(する)：to have diarrhea ／拉肚子／ tiêu chảy
□ 食物繊維：dietary fiber ／食物纤维／ chất xơ
□ 負担(する)：to bear ／负担／ gánh chịu
□ 刻む：細かく切る。
□ 煮込む：時間をかけてよく煮る。
□ ついつい：「つい」を強調した表現。
□ 冷え性：手足など、体が冷えやすいこと。

★ 重要語をチェック！
「〜がち」「〜気味」

どんな状況？	家族で便秘について話している。
何がテーマ？	便秘の対策。タイプによって異なる。
注意点と答えの選び方	便秘に良いことと悪いことを聞き分ける。「食物繊維も負担になる」「私は冷え性」を聞き取る。

🔑 キーワードをキャッチ
「食物繊維も負担になる」「細かく刻んだり、よく煮込んだりしたほうがいい」「私は冷え性」「ちょっとでも食べたほうがいい」

① 会話の流れを読むパターン

練習 52　6

正解：2

テレビのニュースを聞いて、友達同士が話しています。
M1：さくら市では、台風の接近に伴う大雨の影響で、本日正午、市内を流れるみどり川が氾濫する恐れがあるとして、約4万世帯10万人に避難勧告を出しました。さらに、やまだ市では、市内の1万8000世帯、3万4000人に避難準備情報を発令しました。
F：私、いつもわからないんだけど、避難勧告と避難準備情報と、あと何かもう一つあったよね、何が違うの？
M2：避難準備情報は、避難する準備をしてくださいってことだから、一応、家の中にいて、持って出る物とかの荷物を用意したり、<u>避難できる状態にしているだけでいいんだよ</u>。わかりにくいのは、指示と勧告だよね。
F：指示ってさぁ、「あっちです」とか方向を示し<u>たりする</u>ことでしょ。勧告は「どうぞしてください」ってこと？　それとも、「したほうがいいですよ」なの？　それで、指示のほうが強いの？
M2：指示っていうけど、命令の意味もあるんだよ。だから、<u>勧告より指示のほうが強いんだよ。勧告は避難を始めてくださいってことだから。指示が出た時には、避難を完了してなくちゃならないんだ</u>。
F：へえ、そうなんだ。
M1：ただ今入りました情報によりますと、やなぎ市では、もみじ川が警戒水位に達し、災害が起こる可能性が高まったとして、今日正午過ぎに東区、北区の約9万世帯20万人に避難指示を出しました。市では、避難所を開設し、避難を呼びかけています。
M2：やばいなあ。今住んでるとこ、避難指示が出たよ。避難所ってどこかなあ。わかんないよ。
F：何言ってるの？　あなた、今ここにいるんだから、わざわざ帰らなくてもいいじゃない。ここにいることが避難になってるんだから。

女の人が避難を始めるのはいつですか。

1　避難準備情報が出たとき
2　避難勧告が出たとき
3　避難指示が出たとき
4　避難命令が出たとき

📕 ことばと表現
- 接近(する)：近づくこと。
- 氾濫(する)：to flood ／泛滥／ ngập
- 避難(する)：to evacuate ／避难／ lánh nạn
- 勧告(する)：to recommend ／劝告／ có lời khuyên
- 警戒(する)：to watch out ／警戒／ cảnh cáo
- 水位：water level ／水位／ mực nước
- 世帯：household ／家庭／ hộ
- 開設(する)：機関や設備などを設けること、新たなサービスを始めること。

⭐ 重要語をチェック！
「～たりする」「～として」

どんな状況？	台風が近づき、避難のための情報を待っている。
何がテーマ？	市や町が危険を避けるため、住民向けに発表するものの比較。
注意点と答えの選び方	難しい言葉を易しい言葉に言い換えているところをきちんと聞く。「勧告は始めてくださいってこと」が聞き取れるか。

キーワードをキャッチ
「避難できる状態にしているだけでいい」「勧告より指示のほうが強いんだよ。勧告は避難を始めてくださいってこと」「指示が出た時には、避難を完了してなくちゃならない」

| 重要語 | 使い方チェック！ |

練習51

～がち　～することが多い。～しやすい。

① 田中さん、最近、休み**がち**だけど、大丈夫かなあ。
② 昼間は留守**がち**なので、夕方のほうがいいです。
　　——わかりました。
③ 調子が悪くなると、つい薬に頼り**がち**になりますが、体あまりよくありません。

～気味　そのような様子、傾向にあること。

① 最近どうも太り**気味**で…。
　　——何か運動したほうがいいですよ。
② なんか、元気ないですね。
　　——ちょっと風邪**気味**なんです。
③ 疲れ**気味**だなと思ったら、お風呂にゆっくり入るようにしています。

練習52

～たりする　軽く具体例を挙げて言う表現。

① 休みの日はどうしていますか。
　　——スポーツジムに行っ**たり**しています。
② お二人も、たまにけんかし**たりする**んですか。
　　——しますよ、たまに。
③ 熱が下がるまでは、仕事し**たり**しないでね。
　　——わかったよ。

～として　理由や根拠を示す表現。～という理由で。

① これは危険な薬**として**、特別な許可が必要とされています。
② ちゃんと確認しなかった**として**、工場長に注意された。
③ 子供の教育に役だっている**として**、この活動は評価されている。

第5章 統合理解

UNIT 2　1人の話を受けて、2人が会話するパターン

1　4つの選択の間で、条件が単純にプラスされていくパターン

POINT

基本の条件に何がプラスされていくのか（a、a＋b、a＋b＋c、a＋b＋c＋d）、順番に聞き取っていくパターンです。プラスされる条件と二人の状況をとらえるのがポイントです。

In this pattern, one or more things are added to a base condition (a+b+c+d), and you must listen to and understand each one. It is important to be able to understand what conditions are being added, as well as the positions of the two speakers.

这是一个什么条件被追加，按（ａ＋ｂ＋ｃ＋ｄ）的顺序来听取的模式。重点在于抓住被追加的条件及两人的状况。

Là phần thi nghe theo thứ tự xem thêm cái gì vào điều kiện cơ bản (a+b+c+d). Điểm mấu chốt là tóm được điều kiện thêm vào và tình trạng của 2 người.

プラスされる条件を聞き取ろう！

EXERCISE

練習 53

Disc 2
7

質問1

1　さくらコース
2　まつコース
3　たけコース
4　うめコース

質問2

1　さくらコース
2　まつコース
3　たけコース
4　うめコース

155

問題スクリプトと解答の流れ

練習53　Disc 2　7

正解：（質問1）**2**　（質問2）**1**

男の人と女の人が温泉会館の料金の説明を聞いています。

F1：当館のご利用についてご案内いたします。お客様がご利用いただける日帰り入浴には、4つのコースがございます。さくらコースは料金400円で1時間のご入浴ができます。こちらは<u>ご入浴のみ</u>ですが、800円の松コースですと、入浴後に<u>歴史的建造物である本館2階の休憩室</u>でお休みいただけます。さらに1200円の竹コースになりますと、休憩室でお茶とお菓子を召し上がっていただけます。最後に、料金は2000円になりますが、梅コースになりますと、<u>1時間半のご入浴</u>ができ、<u>3階個室でお弁当</u>を召し上がっていただけます。お客様のご都合とお好みに合わせて、お好きなコースをお選びください。

F2：私は安いのでいいな。この温泉に入りに来ているんだから、お菓子とかはいらない。

M：ぼくはゆっくり入りたいな。その後は個室で休憩**かな**。

F1：あなたはお弁当が目当てなんじゃないの。

M：そんなことないよ。でも、入浴だけのと比べると5倍もするんだね。ちょっと高いか…。でもなあ、入浴だけだと、建物が見(ら)れないし。

F1：じゃ、<u>見学ができて一番安い</u>、これでいいんじゃない。私は前に来たことがあるから、やっぱり<u>入浴ができればそれでいい</u>な。もっと入りたくなったら、もう1回入るし。

M：そうか…。でも、ぼくが休憩している間、どうするの？

F1：お土産物屋でも覗いてるから、出る時、連絡して。

M：わかった。じゃ、そうする。

質問1
男の人は、どのコースにしますか。

質問2
女の人は、どのコースにしますか。

どんな状況？	温泉会館の利用方法を聞いている。
何がテーマ？	コースによって、料金や時間、休憩の方法が変わる。
注意点と答えの選び方	男の人の「見学ができて一番安い」、女の人の「来たことがある」に注意。

② 1人の話を受けて、2人が会話するパターン

📖 ことばと表現
□ 入浴(する)：風呂に入ること。
□ 個室：店の客席のタイプの一つで、一つの部屋になっているもの。
□ 覗く：(品物や作品などを) ちょっと見る。

★ 重要語をチェック！
「～かな」

キーワードをキャッチ
「ご入浴のみ」「歴史的建造物である本館2階の休憩室」「休憩室でお茶とお菓子」「1時間半のご入浴」「3階個室でお弁当」

| 重要語 | 使い方チェック！ |

練習53

> **〜かな？** 軽く疑問を表す表現。

① 味付けは塩とこしょうだけでいい**かな**。
　——いいんじゃない。

② このグラスは私の**かな**？
　——違うよ。こっちがあなたの。

③ 捨てるの、もったいない**かな**？
　——もちろん。まだ使えるよ。

② 1人の話を受けて、2人が会話するパターン

2 4つの選択の間にプラスとマイナスがあるパターン

POINT

何があって、何がないか――それぞれの選択肢の違いを落ち着いてとらえることが大切です。

Calmly understanding the differences between the choices, such as what is and isn't present, is important.
重点在于冷静抓住有什么、没什么及各个选项的不同。
Điểm mấu chốt là bình tĩnh nhìn ra sự khác biệt của từng câu lựa chọn xem có cái gì và không có cái gì.

「何があって、何がないか」をとらえよう！

EXERCISE

練習 54

質問1

1　グローバル事務系
2　グローバル技術系
3　ローカル事務系
4　ローカル技術系

質問2

1　グローバル事務系
2　グローバル技術系
3　ローカル事務系
4　ローカル技術系

問題スクリプトと解答の流れ

練習 54　Disc 2 (8)

正解：（質問1）**1**　（質問2）**2**

説明会で男の学生と女の学生が働き方について説明を聞いています。

M1：当社の働き方には4つのタイプがあります。将来のことや自分の志向に合わせて、働き方のタイプを選ぶことができます。まず、技術系と事務系ですが、当社は食品会社ですから、**技術系の方は主に、当社の研究所で研究開発に従事していただき**、その中で専門性を高めていただきます。**事務系のほうでは、営業や商品企画から広告など**、幅広い分野で活躍することができます。またグローバル系では、世界中どこででも働くチャンスがあります。一方、ローカル系では、原則として転勤がなく、腰を落ち着けて仕事に取り組める環境が用意されています。では、午後からは各コースに分かれて、当社の社員の話を直接聞ける会を設けますので、それまでにコースを決めておいてください。

M2：ぼくは**国際舞台で働きたい**な。で、今までにない**ユニークな商品企画を考えてみたい**。

F：さすが、夢が大きいわね。でも、外国語ができないと苦労するんじゃない？

M2：わかってる。だから、会社入ってからも勉強するつもり。…そうだな、会社のほうで何かサポートしてくれるといいんだけど…。

F：コース別説明会で質問**したら**？

M2：うん、聞いてみるよ。山田さんはもちろん、**研究職志望**でしょ、大学の専門生かして。

F：そうね。でも、**国内より海外で研究してみたい**のよね。いろいろ刺激がありそうで。**ただね**…ずっと通ってるダンス教室もやめたくないし…。

M2：そんなこと言っても、就職したら続けられるかどうか、わからないよ。**それに**、趣味はどこだってできるよ。

F：まあ、確かにね。じゃ、ちょっと考えてみようかな。

質問1
男の人はどのコースの説明を聞きに行きますか。

質問2
女の人はどのコースの説明を聞きに行きますか。

| どんな状況？ | 入社前の会社説明会で、その会社での働き方の説明を聞いている。 |

| 何がテーマ？ | コースによって、勤務方法や勤務地が変わる。学生たちは何がしたいのか。 |

| 注意点と答えの選び方 | 混乱させる情報がいくつかあるが、結論にどうつながるか、落ち着いて情報を整理する。男の学生は「ユニークな商品企画を考えてみたい」、女の学生は「海外で研究してみたい」と語っている。 |

② 1人の話を受けて、2人が会話するパターン

📖 ことばと表現
□ 志向：intention ／志向／ định hướng
□ 幅広い：対象の分野が広いこと。
□ 原則：general rule ／原則／ nguyên tắc
□ 腰を落ち着ける：一つの場所に落ち着くこと。
□ 志望(する)：to wish ／志願、志向／ nguyện vọng
□ サポート(する)：to support ／支持／ hỗ trợ

★ 重要語をチェック！
「〜たら？」「ただ」「それに」

```
キーワードを
キャッチ   「技術系の方は主に、当社の研究所で研究開発」「事務系のほうでは、営業や商品企画から広告な
        ど」「国際舞台で働きたい」「ユニークな商品企画を考えてみたい」
```

重要語	使い方チェック！

練習 54

～たら？　軽く提案する表現。

① 石川さんも、これ食べ**たら**？
　　――ああ、ありがとう。
② 説明書見ても、書いてないなあ。
　　――じゃ、ネットで調べてみ**たら**？
③ 寒いから、そこ、窓閉め**たら**？
　　――そうだね。

ただ　例外やほかの意見を付け加えるときの表現。現在の内容に満足していない、疑問を感じているときによく使う。

① 田中さんの案はとてもいいと思います。**ただ**、実際にやるのは難しいんじゃないでしょうか。
② じゃ、本、貸してもらえますか。
　　――いいですよ。**ただ**、ほかの人には貸さないでくださいね。
③ これは軽くて持ち運びに便利です。**ただ**、ちょっと壊れやすいですけど。

それに　ある意見や考えをさらに補い、強めるために、追加して述べる表現。「その上」「それに加えて」。

① ホテル、どうでしたか。
　　――よかったですよ。きれいで、部屋も広くて。**それに**、スタッフもすごく感じがよかったです。
② やっぱり、休みとれないから、来月旅行に行くのは無理だよ。**それに**、お金もないし。
③ 今度の文化交流パーティーの司会、森さんはどう？
　　――いいと思いますよ。そういうの、得意ですからね。**それに**、英語もうまいし。

③ 目的に合わせるパターン

POINT

それぞれの目的によって違う4つの選択の中から1つを選ぶパターン。選択肢のそれぞれの内容と、会話をしている二人の目的との対応関係をしっかりとらえるのがポイントです。

目的に合ったものを選ぼう！

In this pattern, you must choose one selection from among 4 that each have their own aims. In order to answer these questions, you must clearly understand the nature of each selection, the aims of each speaker in the conversation, as well as how the two are connected.

这是根据各个目的从不同的四个选项中选择一个的模式。重点在于牢牢抓住选项的每个内容与会话两人目的的对应关系。

Là trường hợp chọn 1 trong 4 đáp án có những mục đích khác nhau. Điểm mấu chốt là nắm được nội dung của từng đáp án và quan hệ đối ứng của các đáp án đó với mục đích hội thoại của hai người.

EXERCISE

練習 55

質問1

1　基礎クラス
2　テスト対策クラス
3　受験対策クラス
4　理科・社会クラス

質問2

1　基礎クラス
2　テスト対策クラス
3　受験対策クラス
4　理科・社会クラス

問題スクリプトと解答の流れ

練習55 Disc 2 TR 9

正解：（質問1）**2**　（質問2）**3**

学習塾の人がコースの説明をしています。

M1：当「のびのび学習塾」では、お子様のニーズに合わせて4つのクラスを準備して、お申し込みをお待ちしております。一つは「基礎の基礎クラス」。これは基本的な「読む・書く・計算する」の3つの技能に特化し、基礎レベルの能力を、何回も何回もテストを繰り返すことによって伸ばすコースです。次は「テスト対策クラス」。学校で行われる<u>定期テストの対策</u>をします。学校での授業の進み具合に合わせて、学習内容の定着を図ります。次は「受験対策クラス」。学校の勉強とは切り離して、<u>受験対策</u>に特化した学習を行います。そして最後に、土日に実施しております「理科・社会クラス」。覚えるだけで単調になりがちな理科と社会を楽しく学びます。

M2：うちの子供たちはどうなんだ？　勉強、大丈夫なのか。

F：もう、なんにもわかってないのね。花子はいいけど、太郎は野球<u>ばっかり</u>やってきた<u>せいか</u>、基礎力がないって、学校の先生から言われたんだから。

M2：じゃ、今の説明にあった基礎クラスか…。

F：<u>でも</u>、学校のテストも見てもらいたいのよ。結局、成績として残るのは学校の定期テストだから。

M2：どれでもいいんじゃないか、本人に勉強する気があれば。花子のほうは心配ないんだ。

F：学校の勉強はね。成績もいいし。でも、来年、中学受けるから、これから頑張らないと。

M2：<u>花子も受験勉強か</u>。理科とか社会とかは？

F：それは曜日が違うから。必要になったら、足せばいいんじゃない。

M2：で、太郎は結局どうするんだ？

F：<u>テストで成果が出れば続ければい</u>いし、出なければ、その時点で基礎クラスでいいと思う。

質問1
太郎はどのコースに入りますか。

質問2
花子はどのコースに入りますか。

どんな状況？	親が学習塾のコースの説明を聞いている。
何がテーマ？	子供たちの目的と学力に合ったコースは？　4つのクラスはそれぞれ目標が違う。
注意点と答えの選び方	太郎は「基礎力がない」、花子は「まじめに勉強する」「受験生」。母親の考えは、太郎には「定期テスト対策」→合わなければ「基礎」に、花子には「受験対策」→必要になったら「理科・社会」も。

② 1人の話を受けて、2人が会話するパターン

📖 ことばと表現
- □ **特化**(する)：目的や対象を絞ること。
- □ **定着**(する)：to become established ／扎根、定居／ cố định
- □ **対策**(する)：to take measures ／対策／ đối sách
- □ **実施**(する)：to conduct ／実施／ thực hiện
- □ **単調**(な)：monotonous ／単調／ đơn điệu
- □ **定期**：時期が決まっていること。
- □ **成果**：result ／成果／ thành quả

★ 重要語をチェック！
「～ばっかり」「～せいか」

🔑 キーワードをキャッチ
「定期テストの対策」「受験対策」「でも（学校のテストも…）」「花子も受験勉強か」「テストで成果が出れば続ければいい」

重要語	使い方チェック！

練習 55

～ばっかり　「～ばかり」を強調した言い方。それ以外にない、それに偏っている。

① これ、いいけど、Lサイズ**ばっかり**で、Mが全然ない。
　　——そうなんだ。
② 文句**ばっかり**言わないで、ちゃんと手伝ってよ。
　　——はい、はい。
③ 森さん、着物が似合うね。女優みたい。
　　——うそ**ばっかり**。

～せいか　それが理由なのか、と漠然と感じる気持ちを表す。「～からだろうか」。

① 風邪をひいた**せいか**、コーヒーが全然おいしくない。
② ぼくが変なことを言った**せいか**、彼女は急に機嫌が悪くなった。
③ 工事をしている**せいか**、道がすごく混んでいる。

② 1人の話を受けて、2人が会話するパターン

④ 未整理の情報から必要な情報をピックアップするパターン

POINT

多くの情報の中で、選択肢をヒントにしながら、時間・場所・人を中心に、話の流れをしっかりとらえる。

話の流れの中心を追う！

In these questions, you must pick out one selection after being given a large amount of information. Be sure to get a firm grasp on how the conversation develops, especially with regards to time, place, and the people involved.
在诸多情报中，以选项为提示，以时间・场合・人物为中心，牢牢抓住话脉。
Với rất nhiều thông tin, dựa trên các đáp án, có thể nắm được mạch câu chuyện, chủ yếu là về thời gian, địa điểm, con người.

EXERCISE

練習 56

質問1

1　屋外プール
2　室内プール
3　屋上
4　1階ホール

質問2

1　屋外プール
2　室内プール
3　屋上
4　1階ホール

問題スクリプトと解答の流れ

練習56　Disc 2 R10

正解：（質問1）**1**　（質問2）**3**

水族館で、女の人がアナウンスをしています。

F1：本日はご来館ありがとうございます。お客様に催し物に関するお知らせをさせていただきます。本日午後2時から予定しておりました屋外プールでのイルカショーは、午後からの天候不良が予想されるため、中止とさせていただきます。午前11時のショーが最終となります。なお、室内プールで行われますアシカショーは、予定通り15時まで開催しておりますので、どうぞお越しください。また、屋上展望台で1時から予定しておりました「海の生き物に触ってみよう」は、時間を変更して、11時から行います。なお本日は、屋上は13時をもって閉鎖させていただきます。またそれに伴い、屋上カフェも13時までの営業とさせていただきます。12時半がラストオーダーになりますので、ご了承願います。「光る生物」のレクチャーに関しましては、10時、12時に加え、14時にも開催いたしますので、1階ホールにどうぞお集まりください。

F2：イルカショー、午後、ないのかあ。どうしよう。太郎たち、楽しみにしてたのよね。

M：午前中に行く<u>しかない</u>ね。

F2：でも、お昼ごはんもイルカショーの前に屋上カフェでって思ってたのに、午前で閉まっちゃうよ。

M：それはイルカショーの後に急いで行けば、間に合うよ。でも、花子は「海の生き物に触ってみよう」に行きたがってたじゃない？　イルカショーと重なっちゃうんだよね。

F2：わかった！　私が花子を連れてそっち行くわ。で、終わったら、カフェで合流しよ？

M：なるほど、そうだね。午後どうするかは、その時考えればいいか。じゃ、とりあえず、「光る生物」のレクチャーにでも行くか。

質問1
男の人は、女の人と別れてどこへ行きますか。

質問2
女の人は、男の人と別れてどこへ行きますか。

どんな状況？	水族館の催し物が、これから天気が悪くなるという理由から変更された。親子は予定を変えなければならなくなった。
何がテーマ？	変更になった催し物とその時間、会場は？　親子はどのように予定を変えるか。
注意点と答えの選び方	「イルカショー」に行きたいのは太郎、「海の生きもの…」に行きたいのは花子。選択肢が「場所」なので、場所と結びつけて情報をとらえるのがポイントになる。

② 1人の話を受けて、2人が会話するパターン

📖 ことばと表現

- □ 催し物：event ／促销商品／ sự kiện
- □ 屋外：outdoor ／屋外、露天／ ngoài trời
- □ 天候不良：bad weather ／气候不佳／ thời tiết xấu
- □ 閉鎖(する)：to close ／封闭、关闭／ đóng cửa
- □ 営業：operation, business ／营业／ bán hàng
- □ 了承(する)：to accept ／理解、同意／ chấp nhận
- □ 生物：living organism ／生物／ sinh vật
- □ レクチャー(する)：to lecture ／讲演、讲话／ giảng bài
- □ 開催(する)：hold, open ／召开／ tổ chức
- □ 生き物：creature ／活物／ động vật sống
- □ 重なる：overlap ／重叠、冲突、碰在一起／ bị trùng
- □ 合流(する)：to join ／合流、汇合／ tập hợp

★ 重要語をチェック！

「〜しかない」

キーワードをキャッチ

「〜しかない」

| 重要語 | 使い方チェック！ |

練習 56

〜をもって　「〜で」の改まった言い方。

① 今日をもって退社することとなりました。これまでありがとうございました。
② 3月末をもって、このサービスは終了とさせていただきます。ご了承ください。
③ 〈会の始めの挨拶〉
　　・・・これをもって、私の挨拶とさせていただきます。

〜しかない　ほかに選択がないことを表す。〜以外にない。〜だけだ。

① こうなったら、やるしかないよ。
　　——そうだね。頑張ろう。
② もう時間がないから、タクシーで行くしかない。
③ 売り切れちゃったんだから、もう、あきらめるしかないよ。
　　——え〜、がっかり。

PART 3
模擬試験
もぎしけん

解答用紙は別冊 p.15 にあります。
かいとうようし　べっさつ

問題1

この問題では、まず質問を聞いてください。それから話を聞いて、問題用紙の1から4の中から、最もよいものを一つ選んでください。

1番

1　6個
2　7個
3　8個
4　9個

2番

1　1週間以内にデパートへ商品を取りに行く
2　1週間後にデパートへ商品を取りに行く
3　1週間以内にデパートから商品を受け取る
4　1週間後にデパートから商品を受け取る

3番

1 バッサリ切って、赤みがかった茶色にする
2 後ろで束ねて、オレンジ系の茶色にする
3 長さをそろえて、ウェーブをつける
4 段をつけて、赤みがかった茶色にする

4番

1 305号室にバスタオルと歯ブラシを持っていくこと
2 305号室にアメニティーグッズを持っていくこと
3 305号室の客が出かけている間に、エアコンを点検すること
4 305号室に至急行って、エアコンを点検すること

5番　Disc 2 TR 17

1　リボンと花のついたつばの大きな帽子
2　リボンも花もついていないシンプルな帽子
3　花のついた首筋の隠れる帽子
4　前につばのついたシンプルな帽子

6番　Disc 2 TR 18

1　見本を送る
2　見本を届けに行く
3　見本を受け取りに行く
4　見本を見て、買うかどうか検討する

問題2

この問題では、まず質問を聞いてください。そのあと、問題用紙のせんたくしを読んでください。読む時間があります。それから話を聞いて、問題用紙の1から4の中から、最もよいものを一つ選んでください。

1番

1 山田さんと山田さんのお姉さんを間違えた
2 山田さんのお姉さんと知らない人を間違えた
3 木村さんと木村さんの義理のお兄さんを間違えた
4 木村さんと知らない人を間違えた

2番

1 窓の開閉が全自動
2 自動食器洗い機とお掃除ロボット
3 オール電化
4 台所の収納と流し台の高さ

3番

1 野外コンサートに行ったから
2 去年のことがあったので用心して
3 冬に海外旅行に行くから
4 旅行の前に熱中症になったから

4番

1 試験の成績が悪かったこと
2 宿題をあまり出さないこと
3 試験でカンニングをしたこと
4 授業態度が悪いこと

5番

1 映画の話を信じてしまったから
2 変な声を出してしまったから
3 子供のように怖がったから
4 別な人と間違えてしまったから

6番

1 冷蔵庫に入れたものをだめにしてしまうこと
2 必要以上に大きな冷蔵庫を使うこと
3 冷蔵庫にたくさん詰め込むこと
4 冷蔵庫の保存能力を間違ってとらえること

7番

1 水と船
2 水と炎
3 夏の夜と炎
4 夏の山と炎

問題3

この問題では、問題用紙には何も印刷されていません。この問題は、全体としてどんな内容かを聞く問題です。話の前に質問はありません。まず話を聞いてください。それから、質問とせんたくしを聞いて、1から4の中から、最もよいものを一つ選んでください。

― メモ ―

問題 4

この問題では、問題用紙に何も印刷されていません。まず文を聞いてください。それから、それに対する返事を聞いて、1 から 3 の中から、最もよいものを一つ選んでください。

―― メモ ――

問題5

この問題では長めの話を聞きます。この問題には練習はありません。メモをとってもかまいません。

1番、2番

問題用紙に何も印刷されていません。まず話を聞いてください。それから、質問とせんたくしを聞いて、1から4の中から、最もよいものを一つ選んでください。

― メモ ―

3番

まず、話を聞いてください。それから、二つの質問を聞いて、それぞれ問題用紙の1から4の中から、最もよいものを一つ選んでください。

質問1

1　アドバイザー型
2　出会い系サイト型
3　会員登録型
4　パーティー型

質問2

1　アドバイザー型
2　出会い系サイト型
3　会員登録型
4　パーティー型

模擬試験の採点表

　配点は、この模擬試験で設定したものです。実際の試験では公表されていませんが、各科目の合計得点が示されているので（60点）、それを参考に設定しました。また、「基準点」と「合格点」も、それぞれ実際のもの（各科目19点、全科目の合計100点）を参考に設定しました。

　　＊基準点：得点がこれに達しない場合、総合得点に関係なく、それだけで不合格になる。

★ 合格可能性を高めるために、110点以上の得点を目指しましょう。
★ 基準点に達しない科目があれば、重点的に復習しましょう。
★ 合格可能性を高めるために、この模擬試験では36点以上を目指しましょう。
★ 基準点に達しなければ、得点の低かった問題を中心に、しっかり復習しましょう。

●採点表

大問	配点	満点	正解数	得点
問題1	2点×6問	12		
問題2	2点×7問	14		
問題3	2点×6問	12		
問題4	1点×14問	14		
問題5	3点×4問	12		
合計		64		
（基準点の目安）				(22)
（合格点の目安）				(36)

試験に出る言葉

聴解問題では、音声は一度しか聞くことができません。
そのため、話の内容を理解するうえで、語彙力が一つのカギとなります。
会話やスピーチなどによく出てきそうな言葉を覚えて備えましょう。

学校
がっこう

□ **応募** おうぼ
「スピーチ大会に応募してみようかな。」
▶応募者、コンクールに応募する

□ **課題** かだい
「来週、課題を提出しなければならない。」
▶課題研究のテーマ、大きな課題

□ **科目** かもく
「大学では好きな科目を選んで勉強できます。」
▶選択科目

□ **期限** きげん
「あっ、支払い期限が過ぎちゃった。」
▶有効期限、期限が切れる

□ **休講** きゅうこう
「今日の授業、休講だって。」「そうなんだ。」
▶休講にする、休講になる

□ **教授** きょうじゅ
「山下教授の講演が楽しみです。」▶大学教授

□ **欠席** けっせき
「説明会を欠席する時は連絡してください。」
▶会議を欠席する

□ **講演** こうえん
「あの講演は大人気で、会場が満員だったよ。」
▶講演会、政治について講演する

□ **講師** こうし
「次の講演会の講師はどなたですか。」
▶研修会の講師

□ **指導** しどう
「田中先生の指導は厳しいです。」▶指導教員

□ **締切** しめきり
「応募の締切はいつですか。」「1月31日です。」
▶課題提出の締切、締切を守る

□ **授業料** じゅぎょうりょう
「年間の授業料はいくらですか。」「120万円です。」
▶高い授業料、授業料を払う

□ **受験** じゅけん
「どこの大学を受験しますか。」「東京大学です。」
▶大学受験、受験生

□ **進学** しんがく
「卒業後は大学院に進学するつもりです。」▶進学率

□ **成績** せいせき
「この科目の成績、どうだった？」「Aだったよ。」
▶成績表、成績が良い / 悪い

□ **ゼミ**
「山田ゼミでは何を研究しますか。」「日本文学です。」
▶ゼミの時間、ゼミに入る

□ **セミナー**
「来月から就職のセミナーが始まります。」
▶セミナー室、セミナーに申し込む

□ **大学院** だいがくいん
「卒業後はどうしますか。」「大学院に進みます。」
▶大学院生、大学院に入る

□ **単位** たんい
「単位が足りないと卒業できませんよ。」
▶卒業単位、単位を取る

□ **遅刻** ちこく
「もう10時だ、遅刻しちゃいそう。」▶会議に遅刻する

□ **調査** ちょうさ
「このアンケートでは何を調査しますか。」
▶アンケート調査、インタビュー調査

□ **定員** ていいん
「経済学部の入学定員は300名です。」▶定員に達する

□ **提出** ていしゅつ
「課題はレポートボックスに提出してください。」
▶書類を提出する

□ **テーマ**
「この作品のテーマは何ですか。」「家族愛です。」
▶研究テーマ、面白いテーマ

□ **登録** とうろく
「図書館の利用登録をしたいのですが…。」
▶登録手続き、名前を登録する

□ **発表** はっぴょう
「来月の学会で論文を発表します。」
▶研究発表、ゼミ発表

□ **不合格** ふごうかく
「残念ながら試験は不合格でした。」
▶試験に不合格になる

□ **募集** ぼしゅう
「学会の発表者を募集しています。」
▶参加者募集、募集中

□ 面接
「来週、就職の面接があるんだ。」「頑張ってね。」
▶ 面接試験、受験生を面接する

□ 落第
「卒業試験が不合格で、落第しちゃった。」
▶ 試験に落第する

□ 論文
「論文は進んでいますか。」▶ 卒業論文、論文を発表する

レストラン・食べ物・飲み物

□ 揚げる
「えびは180℃の油で揚げましょう。」
▶ 揚げ物、天ぷらを揚げる

□ あっさり
「うどんのようなあっさりしたものが食べたいな。」
▶ あっさりした食べ物

□ 脂っこい
「このラーメンはかなり脂っこいね。」
▶ 脂っこい食べ物

□ 栄養
「野菜も食べないと栄養が偏るよ。」
▶ 栄養不足、栄養を取る

□ おかず
「今晩のおかずは何？」「ハンバーグだよ。」
▶ おかずを作る

□ おごる
「山田先生に夕食をおごっていただきました。」
▶ 後輩に食事をおごる

□ おすすめ
「料理に合うおすすめのワインはどれですか。」
▶ おすすめの品、新製品をおすすめする

□ お昼
「もう12時ですね！お昼にしましょう。」
▶ お昼ごはん、お昼の時間

□ 外食(する)
「普段よく外食しますか。」「いいえ、家が多いです。」
▶ 外食をする

□ カウンター
「カウンターかテーブルか、どちらが良いですか。」
▶ カウンター席、カウンターに座る

□ 刻む
「タマネギを細かく刻んでください。」▶ 細長く刻む

□ 喫煙席
「喫煙席なら空いておりますが…。」▶ 喫煙席にする

□ 禁煙席
「たばこの煙は嫌なので、禁煙席でお願いします。」
▶ 禁煙席にする

□ クーポン
「このクーポンを使えば1割引きになるよ。」
▶ クーポン券

□ 腐る
「あー、みかんが腐っちゃってる…。」
▶ 腐った食べ物、食べ物が腐る

□ 濃い
「これはちょっと味が濃いね。」「うん、塩辛いね。」
▶ 濃い味、濃いお茶

□ 食品
「食品売り場はどちらですか。」「地下1階です。」
▶ 自然食品、人工食品

□ 食欲
「食欲はどう？」「まだあまり食べられない。」
▶ 食欲がわく

□ 新鮮(な)
「ここのレストランの野菜はどれも新鮮ですよ。」
▶ 新鮮な果物

□ 中華
「中華なら何が好き？」「チャーハンが好き。」
▶ 中華料理

□ 調理
「この魚はどう調理しますか。」「焼くとおいしいです。」
▶ 調理方法、調理器具

□ 手作り
「友達の誕生日に手作りのお菓子をプレゼントしました。」▶ 手作りのパン、ケーキを手作りする

□ 鍋
「鍋でもご飯が炊けますよ。」「そうですか。」
▶ 鍋料理

□ 生
「生魚も食べられる？」「うん、平気だよ。」
▶ 生卵、生ビール、生で食べる

☐ 煮る
「このジャガイモもよく煮えてるね。」▶ 魚を煮る

☐ 熱する
「フライパンを十分に熱してから、油を入れます。」
▶ 熱した鍋

☐ 日替わり
「今日の日替わりランチは何ですか。」
▶ 日替わりメニュー

☐ フライパン
「りんごを薄く切って、フライパンで焼きましょう。」
▶ フライパンで焼く／炒める

☐ 弁当
「妻が毎朝お弁当を作ってくれます。」
▶ コンビニ弁当、弁当を作る、弁当を食べる

☐ 持ち帰り
「こちらのお寿司は持ち帰りもできますか。」
▶ 持ち帰りのおかず、ピザを持ち帰りする

☐ ゆでる
「卵をゆでて、殻をむいてください。」
▶ ゆで卵

☐ 冷凍
「アイスクリームは？」「冷凍庫の中だよ。」
▶ 肉を冷凍する

図書館・役所・郵便局・銀行

☐ ATM
「最近はコンビニにもATMがあって便利だね。」
▶ ATMを利用する

☐ 受け取る
「お荷物は今朝、受け取りました。」
▶ 受け取り窓口、荷物を受け取る

☐ 書留
「現金を送るときは、必ず書留にしてください。」
▶ 現金書留、書留で送る

☐ 貸し出し
「図書の貸し出しは2週間です。」
▶ CDを貸し出しする

☐ 航空便
「航空便なら何日で届きますか。」「5日ほどです。」
▶ 航空便で送る

☐ 口座
「口座番号を教えてください。」▶ 銀行口座

☐ 小包
「お母さん、山下さんから小包が届いてるよ。」
▶ 郵便小包、小包を出す

☐ 送料
「東京までの送料はいくらですか。」
▶ 送料無料

☐ 速達
「こっちは普通で、こっちは速達でお願いします。」
▶ 速達郵便、速達で送る

☐ 宅配
「お弁当の宅配サービスはありますか。」
▶ 宅配便、宅配ピザ、牛乳を宅配する

☐ 配達
「配達する地域は限られています。」
▶ 郵便配達、新聞を配達する

☐ 発送
「こちらの商品は、ご注文から2日以内に発送します。」
▶ 荷物を発送する

☐ 船便
「船便は安いね。」「けっこう時間はかかるけどね。」
▶ 船便で送る

☐ 振り込む
「1月中に授業料を振り込んでください。」
▶ 銀行に振り込む

☐ 返却
「この本の返却期限はいつですか。」「3月1日です。」
▶ 図書の返却、CDを返却する

☐ 窓口
「郵便の受付窓口はどちらですか。」「あちらです。」
▶ 相談窓口、窓口へ行く

☐ 預金
「余ったお金はすべて銀行に預金します。」
▶ 普通預金、定期預金

病院

☐ 胃
「心配なことがあって、毎日胃が痛いよ。」
▶ 胃薬、胃痛、胃が弱い／丈夫だ

試験に出る言葉

- □ 血液
「血液検査をしましょう。」▶ 血液型、血液を採る

- □ 下痢
「食べた物が悪かったのか、下痢が止まりません。」
▶ 下痢止め、下痢をする

- □ 検査
「大きい病院で詳しい検査を受けてください。」
▶ 身体検査、検査の結果

- □ 骨折
「スキーで転んで、骨折してしまいました。」
▶ 腕の骨折、足を骨折する

- □ 受診
「入学前に健康診断を受診してください。」
▶ 病院で受診する

- □ 出血
「大丈夫？ひざから出血してるよ。」「転んじゃって。」
▶ 鼻から出血する

- □ 症状
「昨夜から風邪のような症状があります。」
▶ 軽い/重い症状

- □ 食後
「この薬は食後に飲んでください。」▶ 毎食後

- □ 診察
「明日、病院で診察を受けてくるわ。」
▶ 診察室、診察券、患者を診察する

- □ 心臓
「心臓病の予防には何がいい？」「運動かな。」
▶ 心臓が悪い

- □ 頭痛
「頭痛はどう？」「まだひどくて、がんがんするよ。」
▶ 軽い頭痛／ひどい頭痛、頭痛がする

- □ 咳
「咳が出る時はマスクをしましょう。」
▶ ひどい咳、咳をする

- □ 体調
「体調はいかがですか。」「だいぶ良くなりました。」
▶ 体調が良い/悪い

- □ 腸
「昔から胃腸が弱くて、すぐに下痢をするんです。」
▶ 小腸、大腸

- □ 治療
「1か月前から虫歯の治療に通っています。」
▶ 治療費、けがを治療する

- □ 肺
「たばこの吸い過ぎは、肺に良くないよ。」
▶ 肺で呼吸する

- □ 吐き気
「どうしましたか。」「胃が痛くて吐き気がします。」
▶ 吐き気がする

- □ 鼻水
「風邪で鼻水が止まらないよ・・・。」
▶ 鼻水が出る

- □ めまい
「電車の中でめまいがして、倒れてしまった。」
▶ めまいがする

- □ レントゲン
「骨折かどうか、レントゲンを撮ってみましょう。」
▶ レントゲン室、レントゲン検査

地域

- □ 活性化
「こうした試みが、町の活性化につながると思う。」
▶ 経済の活性化

- □ 郊外
「郊外から都心に通う人も多いです。」
▶ 経済の活性化

- □ 産業
「この辺りはどんな産業が盛んなんですか。」
「漁業ですね。」
▶ 産業の発展、産業ロボット

- □ 地元
「地元の会社に就職しました。」
▶ 地元の産業、地元のチームを応援する

- □ 住民
「こんないたずら、誰がしたんだろう。」
「マンションの住民じゃないね。」
▶ 住民の反対、住民に説明する

- □ 商店街
「駅前の商店街でよく買い物をします。」
▶ にぎやかな商店街

□ 都会
「都会に住むのをやめて、いなかで暮らすのも悪くない。」
▶都会にあこがれる、都会暮らし

□ 名産
「北海道の名産と言えば、何が思い浮かぶ？」
「ジャガイモとか」
▶〜の名産として知られる

□ 名物
「野生のサルはすっかりここの名物になったね。」
▶名物料理、名物の川下り、東京名物

商品・サービス

□ 売り切れ
「この靴、Mサイズはありますか。」
「申し訳ありません。売り切れなんです。」
▶商品売り切れ

□ 大きめ
「荷物が増えても大丈夫なように、ちょっと大きめのカバンにしたんだ。」
▶大きめのサイズ

□ 贈り物
「贈り物なんで、包んでもらえますか。」
「かしこまりました。」
▶先生への贈り物、贈り物をもらう

□ 会費
「会費は、月に3千円です。」「わかりました。」
▶ジムの会費

□ 価格
「この価格は、お買い得だと思いますよ。」
▶価格を下げる

□ 柄
「この服の柄、ちょっと派手じゃない？」
「そうかなあ。」
▶花柄、着物の柄

□ 機能（する）
「機能が少なくていいから、シンプルな携帯がほしいなあ。」
▶機能が多い

□ キャンペーン
「春の新製品キャンペーンは、今月末までです。」
▶キャンペーン期間

□ 行列
「見て。あの店、すごい行列。」
「ほんとだね。きっと、おいしいんだよ。」
▶行列に並ぶ

□ くじ
「宝くじで、10万円当たったんです。」
▶くじに当たる、くじを引く

□ クレジットカード
「クレジットカードの、一括払いでお願いします。」
▶クレジットカード払い

□ 現金
「支払いは、現金でお願いします。」
▶現金で払う

□ 原料
「これ、何でできてるの？」「小麦が原料なんだよ。」
▶ビールの原料、原料を輸入する

□ 交換（する）
「Mサイズを買ったんですが、Lサイズに交換していただけますか。」▶品物を交換する

□ 高級（な）
「ねえねえ、このバッグ欲しいな。」
「えっ！ こんな高級品、とても買えないよ。」
▶高級時計、高級品

□ サイズ
「すみません、これのLサイズはありませんか。」
▶Mサイズ、サイズが大きい

□ 在庫
「これのMサイズはありませんか。」
「申し訳ありません。在庫を切らしておりまして。」
▶在庫がない、在庫を切らす

□ 材料
「適当に材料買ってきたよ。さ、料理しよう。」
▶材料が足りない、建築材料

□ サンプル
「化粧品のサンプルをもらって、使ってみたよ。」
「へえ、どうだった？」
▶商品サンプル

□ シール
「見て。半額のシールが貼ってあるよ。」
「じゃ、これにしよう。」
▶シールを貼る、値段のシール

試験に出る言葉

□ **地味**(な)
「青や黒は、ちょっと地味じゃない？　明るい色のほうが似合うと思う。」▶地味な色、地味な人

□ **修理**(する)
「パソコンの調子が悪いんですが、修理をお願いできますか。」▶修理が不可能、持ち込み修理

□ **消費税**
「消費税、また上がったの？」
「どんどん生活が厳しくなるね。」
▶消費税が上がる

□ **使用料**
「会議室を借りたいんですが、使用料を教えていただけませんか。」
▶会議室の使用料

□ **新品**
「プリンターを買うなら、やっぱり新品がいいなあ。」
▶新品のバッグ

□ **製品**
「この製品の特徴は、これまでにない薄さです。」
▶新製品、製品の開発

□ **セール**
「セール期間ですから、全品半額です。」
▶タイムセール、セール対象商品

□ **セールスポイント**
「この商品のセールスポイントは、多機能かつ安いことです。」▶セールスポイントをアピールする

□ **セット**
「このランチセット、お得だね。」「うん、これにしよう。」
▶セットで購入する、お得なセット

□ **素材**
「素材の味を生かしたいので、味付けはシンプルにしました。」▶素材を生かす

□ **小さめ**
「最近の女の子はみんな、小さめのカバンを持っているね。」▶小さめにする

□ **中古**
「安いなら、中古でも全然構いません。」
▶中古を買う、中古のCD

□ **抽選**(する)
「抽選で1名様に、プレゼントをお送りいたします。」
▶抽選会、抽選で決まる

□ **通販**
「えっ、これ、そんなに安いの？」
「通販で買ったからね。」
▶通販サイト

□ **包む**
「これ、原さんへのプレゼントでしょ？　きれいに包んであるね。」
▶商品を包む、プレゼントを包む

□ **定価**
「定価9千円のところ、本日に限り7千円！」
▶定価が高い

□ **デザイン**
「デザインが気に入って、買ったんです。」
▶デザイン重視、デザインがいい

□ **店内**
「店内全品3割引。どうぞお買い求めください！」
▶店内にある

□ **当選**(する)
「ラジオ番組のプレゼントに当選しました。」
▶当選者

□ **取り寄せる**
「在庫がないのでお取り寄せになりますが、よろしいでしょうか。」
▶商品を取り寄せる、カタログを取り寄せる

□ **長袖**
「寒くなってきたね。そろそろ長袖を出そうかなあ。」
▶長袖を着る

□ **入会金**
「今月は、入会金が無料となります。」
▶スポーツクラブの入会金、入会金を支払う

□ **値上げ**(する)
「あれ？　飲み物の料金、値上げされてる？」
「ほんとだ。10円上がってるね。」
▶値上げする

□ **値下げ**(する)
「これ、賞味期限が近くて、値下げされてたんだ。」
「半額！　お得だったね。」
▶商品値下げ

□ **値段**
「もうちょっと値段が安ければ、買うんだけどなあ。」
▶物の値段、値段が高い

191

□ ネット
「これ、ネットで買ったんだ。」
▶ネット通販、ネットで調べる

□ 値引き(する)
「もう少し安くなりませんか。」
「500円程度でしたら、お値引きできます。」
▶値引き額

□ 配送(する)
「当店でお買い上げいただいた商品につきましては、配送料は無料です。」
▶荷物の配送

□ 派手(な)
「私には、ちょっと派手すぎるかな。」
「ううん、いいと思うよ。」
▶派手な色、派手な人

□ 半袖
「今日は暑くなりそうだから、半袖で行こう。」
▶半袖の服

□ 費用
「〜の費用はどのくらいかかりますか。」
▶費用をかける、入院費用

□ ブランド
「ブランドバッグが、セール期間につき50%オフ！」
▶ブランド品

□ 振り込み(する)
「クレジットカードか、銀行振込でお願いします。」
▶振込入金、銀行振込

□ 不良品
「万が一不良品だった場合は、お取り換えいたします。」
▶不良品にあたる

□ 返品(する)
「すみません、サイズが合わなかったので、返品したいんですが。」
▶商品を返品する

□ 保証書
「購入から1年以内なら、保証書があれば無料で修理してもらえますよ。」
▶保証書をとっておく

□ 見本
「こちら、見本です。どうぞご覧になってください。」
▶見本紙、商品見本

□ 無料
「1500円以上のご購入で、送料無料です。」
▶手数料無料、入場無料

□ 申し込む
「お電話のほか、インターネットでもお申し込みいただけます。」
▶試験に申し込む、申し込みの締切、申込者

□ 持ち運び
「小さくて、持ち運びに便利だね。」
▶持ち運びに便利、持ち運びしやすい

□ 有料
「保証期間を過ぎていますので、修理は有料になります。」
▶有料のサービス、有料のトイレ

□ 利用(する)
「当店の便利なポイントカード、ぜひご利用ください。」
▶利用者、利用方法

□ 料金
「携帯の料金って、いくらくらい？」
「ひと月に、7千円くらいかなあ。」
▶郵便料金、新幹線の料金

□ 領収書
「すみません。レシートのほかに、領収書いただけますか。」
▶領収書をとる、領収書をもらう

□ 割引(する)
「全品7割引です。この機会にお買い求めください。」
▶割引する

仕事・ビジネス

□ 打ち合わせ
「3時からの打ち合わせ、変更になったって。」
▶打ち合わせをする、取引先との打ち合わせ

□ 売上
「うーん。今月の売上が下がってるね。」
「何か、対策をしなきゃね。」
▶売上が上がる、売上が落ちる、商品の売上

□ 大手
「給料が高いところがいいから、大手の企業に就職したいなあ。」
▶大手企業、大手の会社

試験に出る言葉

□ **折り返し**
「山田は、ただいま席を外しております。折り返しお電話差し上げますが…」
▶折り返し連絡をする

□ **会場**
「コンサート会場まで、ここからどのくらい？」
「だいたい、30分くらいかな。」
▶試験会場、セミナー会場

□ **開発**（する）
「新商品の開発には、もっと資金が必要だと思います。」
▶開発スタッフ、製品の開発

□ **企画**（する）
「新企画について、プレゼンの準備をしているところなんです。」
▶新企画、企画を立てる

□ **企画書**
「この企画書は、明日の会議でみなさんに見ていただく予定です。」
▶企画書を出す

□ **業者**
「引っ越しは、業者に頼んだほうが安心だと思うよ。」
▶業者に依頼する

□ **業績**
「会社の業績が下がって、ボーナスも下がっちゃったよ。」
▶業績が上がる、業績が悪化する

□ **クレーム**
「今の、お客さまからのクレームの電話だったよ。サービスが悪いって。」
▶クレームをつける、クレーム対応、クレームを言う

□ **経費**
「もう少し経費を削らないと、この商品は利益が少ないね。」
▶経費削減

□ **研修**（する）
「新人研修って、いつだったっけ？」
「4月頭の1週間程度だったと思うよ。」
▶研修会

□ **広告**
「最近は、新聞じゃなくてネットに広告を出す会社も多いんだって。」
▶新聞広告

□ **コスト**
「コストがかかりすぎるから、この企画は難しいと思う。」
▶コストカット、コストがかかる

□ **採用**（する）
「田中さんが辞めたから、新しい人を採用しないといけないね。」
▶採用試験

□ **資金**
「もっと資金があれば、大きい家を建てるのになあ。」
▶資金が足りない、資金が豊富

□ **支店**
「今年の4月から、大阪支店へ異動することになっています。」
▶支店ができる

□ **資料**
「それでは、お手元の資料をご覧ください。」
▶資料を配布する、資料を作成する

□ **出勤**（する）
「月曜日の出勤は、辛いなあ。仕事、休みたいよ。」
▶日曜出勤、出勤日

□ **出社**（する）
「田中さんいらっしゃいますか。」
「田中は、本日午後出社の予定です。」
▶日曜出社

□ **出世**（する）
「今度、課長になるんだ。」
「出世したんだ！ おめでとう。」
▶出世が早い

□ **職場**
「うちの職場は、雰囲気がいいから働きやすいよ。」
▶職場の雰囲気、前の職場

□ **処理**（する）
「終わった？」「ううん、まだ。ちょっとデータの処理に時間がかかっちゃって。」
▶情報処理、ゴミの処理、事務処理

□ **推定**（する）
「こちらの建物は、500年ほど前のものと推定されます。」
▶推定年齢、原因を推定する

□ **占める**（する）
「今回の会議では、賛成意見が大部分を占めていました。」
▶多数を占める、9割を占める

193

□ 盛況
「今日のセミナーは、大盛況でしたね。」
「ええ。成功でした。」
▶盛況に終わる

□ 生産(する)
「この製品は、国内工場で生産しております。」
▶大量生産、米の生産

□ 宣伝(する)
「宣伝費があまりないから、テレビCMは無理だと思う。」
▶宣伝する、宣伝費

□ 待遇
「もっと待遇がいいところに転職したいなあ。」
▶待遇改善、待遇が悪い

□ 担当(する)
「この企画の担当って、誰だっけ?」「原さんだよ。」
▶担当者

□ 中小企業
「今回開催されるのは、中小企業の経営者を対象としたセミナーです。」
▶中小企業

□ 転勤(する)
「去年大阪に来たばかりなのに、今度は九州へ転勤だよ。」
▶転勤が多い、海外転勤

□ 伝言(する)
「田中は外出中ですが…。」
「では、伝言をお願いできますでしょうか。」
▶伝言する

□ 店舗
「今度、京都に新店舗がオープンするんです。」
▶新店舗、店舗をオープンする

□ 統計(する)
「統計の結果、この10年で平均給与が下がっていることがわかりました。」
▶統計学、統計をとる

□ 得意先
「午後は、いくつか得意先に行ってきます。」
▶得意先に連絡する、得意先を訪問する

□ 取引先
「午後から取引先を回ってきます。」「わかりました。」
▶取引先に行く、大口の取引先

□ 配布(する)
「配布用の資料をコピーしておいて。」「わかりました。」
▶配布物、資料を配布する

□ 発注
「商品の発注、今日中にやっといて。」
「はい、わかりました。」
▶商品を発注する、発注書

□ 販売(する)
「これ、このお店でしか買えませんか。」
「当店のサイトでも販売しております。」
▶販売価格

□ 返信(する)
「メールの返信が、まだ来ないんだけど…。」
「もう一度メールしてみたら?」
▶返信する

□ プレゼン(する)
「今日の企画のプレゼン、すごく緊張したよ。」
「わかりやすかったよ。」
▶プレゼンをする、プレゼンに成功する

□ 分析(する)
「この間のアンケート、どうだった?」
「結果の分析がちょっと大変だったよ。」
▶自己分析、成分を分析する

□ 本店
「今度の部長は、本店から転勤してくるそうだよ。」
▶銀行の本店

□ 名簿
「セミナー参加者の名簿はできてる?」
「はい。こちらです。」
▶参加者名簿

□ 迷惑メール
「また迷惑メールが来てる。」
「すぐ削除したほうがいいよ。」
▶迷惑メールが来る、迷惑メールフォルダ

□ 予算
「この企画、このままだとちょっと予算オーバーだね。」
▶予算が足りない、予算オーバー、予算内に収める

□ 履歴書
「アルバイトの面接の際には、履歴書をお持ちください。」「わかりました。」
▶履歴書を送る

交通機関

□ **往復**(する)
「忘れ物をして、家と会社を往復しなきゃいけなかった。」
▶ 往復切符、往復はがき、往復バス

□ **横断**(する)
「車が来ていないから、いいかな。」
「だめだよ。横断歩道を渡らないと。」
▶ 横断歩道、日本横断

□ **開通**(する)
「今度、日本一長いトンネルが開通するんだって。」
▶ 新幹線の開通、電話の開通工事

□ **改札**
「私、すぐ迷っちゃうんだけど…。」
「じゃ、改札を出たところで待ってるね。」
▶ 改札口、改札を通る

□ **各駅停車**
「この電車は各駅停車ですから、すべての駅に止まります。」 ▶ 各(駅)停(車)バス

□ **片道**
「京都まで片道1時間かかります。」
▶ 片道切符、片道5分

□ **～口**
「明日はどこで待ち合わせる？」「じゃあ、駅の北口で。」
▶ 南口、西口、東口、中央口

□ **経由**(する)
「今回は韓国を経由してハワイに行くことにした。」
▶ ～経由で、～を経由して…に行く

□ **欠航**
「大雪の影響で、北海道発の飛行機は欠航となりました。」 ▶ 欠航する、欠航になる

□ **時刻表**
「次の電車は何時？」「今、時刻表を見てみるね。」
▶ 時刻表を見る

□ **私鉄**
「〈ニュースで〉今朝のJR、私鉄各線の運行状況は平常通りです。」
▶ 私鉄を利用する、私鉄に乗り換える

□ **車掌**
「気分が悪くなっちゃった。」
「車掌さんに、どこかで休めないか聞いてみよう。」
▶ 車掌さん、車掌になる

□ **終点**
「この電車の終点は横浜です。」 ▶ 終点に着く

□ **終電**
「あ！ 終電が行っちゃった。」
「タクシーで帰るしかないね。」
▶ 終電を逃す、終電が早い

□ **線路**
「この暑さのせいで線路が曲がってしまったらしいよ。」
▶ 線路図、線路沿い

□ **ダイヤ**
「大雨のため、新幹線のダイヤが乱れています。」
▶ ダイヤの乱れ、平日ダイヤ

□ **～着**
「この便で行くと、名古屋着は何時になりますか。」
▶ 羽田着、10時15分着の特急

□ **直通**
「この電車は直通運転を行っています。乗り換える必要はありません。」
▶ 直通電車、直通運転

□ **停留所**
「新宿駅行きのバスは、この停留所に止まりますよ。」
▶ バス停留所

□ **乗り場**
「東京駅行きのバスの乗り場はどこですか。」
▶ バス乗り場、タクシー乗り場

□ **～発**
「羽田発の飛行機で福岡に行きます。」
▶ 成田発、東京発

□ **発車**(する)
「まもなく発車します。閉まるドアに注意してください。」
▶ 発車オーライ、発車メロディ

□ **～番線**
「3番線に電車が参ります。黄色い線まで下がってお待ちください。」
▶ 2番線から出る、5番線に停車中の電車

□ **ブレーキ**
「急にブレーキ踏むから、びっくりしたよ。」
▶ 急ブレーキ、ブレーキを踏む

□ **列車**
「列車で一人旅をしようと思っているんだ。」
▶ 上り列車、下り列車

スポーツ

□ 監督
「監督、今日の勝利の要因をお聞かせください。」
「選手たちが最後まであきらめず、よく頑張ったと思います。」
▶ 映画監督

□ 逆転(する)
「今日はもう負けるかなあ。」
「あと15分あるから、逆転するチャンスはあるよ。」
▶ 大逆転

□ 決勝
「次の試合に勝ったら、いよいよ決勝だね。」
「うん。ここまで来たら、優勝したいね。」
▶ 決勝戦、準決勝

□ ジム
「何か運動はしていますか。」
「はい。週に2〜3回、(スポーツ)ジムに行ってます。」
▶ ジムに通う

□ 選手
「あの選手、誰？ 今、シュートした…。」
「ああ、15番でしょ。新人の青木だよ。」
▶ プロの選手、代表選手

□ 同点
「やった、同点！」「すごい！ 追いついたんだ。」
▶ 同点シュート、同点になる、同点に追いつく

□ 登山
「頂上までの登山ルートは3つあるよ。」
「初心者に登りやすいのはどれ？」
▶ 登山者、登山家、冬山登山、登山用の靴

□ 引き分け
「今、何対何？」
「1対1。今日はたぶん、このまま引き分けだな。」
▶ 引き分ける

□ 予選
「予選を勝ち抜いた32チームが大会に出られます。」
▶ 予選を通る、予選を勝ち進む、予選で敗退する

職業・身分／就職

□ 教師
「わたしは以前、教師をしていました。」
▶ 教師になる、英語教師

□ 記者
「新聞記者は忙しいけれど、やりがいのある仕事だよ。」
▶ 新聞記者、政治部記者

□ 採用(する)
「今回の募集では2人を採用する予定です。」
▶ 採用面接、A案を採用する

□ 作家
「彼は今、一番注目されている作家です。」
▶ 絵本作家

□ 志望(する)
「私の場合、最初から女優志望だったわけじゃないんです。」
▶ 志望校、第一志望、志望動機

□ 主婦
「ご職業は？」
「以前は働いていましたが、今は主婦です。」
▶ 主婦向けの雑誌、専業主婦

□ 女優
「彼女はスタイルもいいし、女優みたいだね。」
▶ 有名女優

□ 職人
「私は家具職人を目指しています。」
▶ 菓子職人、職人の技

□ 進学(する)
「卒業後は大学院に進学したいと思っています。」
▶ 就職か進学か

□ 通訳(する)
「タイ語と日本語の通訳ができる人はいませんか。」
▶ 通訳をする、通訳になる

□ 俳優
「この学校には、俳優になりたい人が通っています。」
▶ 若手俳優

地域・社会

□ 高齢者
「最近は、こういう高齢者向けのサービスが増えてるね。」「うん。いいことだと思う。」
▶ 高齢者向けの施設

□ 設備
「古くて小さい病院で、設備はあまり整っていなかった。」
▶ 最新の設備、設備の充実

試験に出る言葉

□ **全国**
「お買い上げいただいた商品は、全国どこにでも配送いたします。」
▶ 全国的に有名、全国大会、全国を回る、全国各地

□ **活性化**
「こうした活動は、地域の活性化にもつながると思います。」
▶ 街の活性化、脳の活性化

□ **商店街**
「駅前の商店街は賑やかで、人通りが多いです。」
▶ 商店街の活性化

□ **地元**
「ここのケーキ、おいしいね。」
「でしょ？　この店、地元では有名なの。」
▶ 地元の仲間、地元のチーム、地元の会社

□ **名物**
「ここの名物は何ですか。」
「川下りです。あと、おそばもおいしいですよ。」
▶ 名物料理、名物祭り、東京名物

自然・環境

□ **嵐**
「だんだん風が強くなってきたね。」
「うん。今夜は嵐になるね。」
▶ 嵐にあう

□ **大雨**
「台風の上陸に伴い、大雨になる恐れがあります。」
▶ 大雨注意報、大雨（・洪水）警報

□ **気温**
「今日は午後から気温がぐんぐん上昇する模様です。」
▶ 7月の平均気温

□ **警報**
「大雨警報が出ておりますので、お出かけの際はくれぐれもご注意ください。」
▶ 洪水警報、雷警報、津波警報

□ **資源**
「これは捨てずにもう一回使いましょうか。」
「うん。資源は大切にしないとね。」
▶ 資源に乏しい国、資源に恵まれた国、天然資源、資源ごみ

□ **湿度**
「湿度が高くてちょっと気持ち悪いね。」▶ 湿度を保つ

□ **植物**
「この島には珍しい植物がいっぱい生えている。」
▶ 植物を育てる、高山植物、植物性の油

□ **接近**
「台風16号の接近に伴って、風が次第に強まっています。」▶ 接近して撮影する

□ **節電**
「ちょっとでも節電しようと思って、ここの灯りはいつも消しています。」▶ 節電を呼びかける

□ **大気**
「台風の影響で、大気の状態が不安定になっています。」
▶ 大気圏

□ **電力**
「電力の不足に備えて、節電が呼びかけられている。」
▶ 電力会社、電力を供給する

□ **避難**
「ここは危ないから早く避難したほうがいい。」
▶ 避難場所、避難訓練、避難口、避難所

□ **真夏**
「今日は暑いね。」「うん、真夏みたい。」
▶ 真夏日、真夏のような暑さ

時間

□ **あっという間**
「もう終わったよ。あっという間だったね。」
「ほんとに。」
▶ あっという間のできごと

□ **あらかじめ**
「ちょっとわかりにくい場所にあるので、あらかじめ調べてから行ったほうがいいですよ。」
▶ あらかじめ準備する

□ **急きょ**
「急きょ、会議の時間が変更になりました。」
▶ 急きょ変更する、急きょ帰国する

□ **〜際**
「お近くにお越しの際は、どうぞご連絡ください。」
▶ お困りの際、お引っ越しの際

□ **最中**
「仕事の最中に、あまりメールしてこないで。」
「わかったよ、ごめん。」
▶ 食事の最中

197

□ 早急に
「その件につきましては、早急に対処したいと思います。」
▶早急に対応する

□ 至急
「至急、ABC広告に連絡してくれる？」
「わかりました。」
▶至急ご確認ください

□ じき（に）
「薬を飲んでよく寝たら、じきによくなると思いますよ。」
▶じきにわかる、じきに回復する

□ 始終
「子供が小さいので、家の中は始終うるさくて…。」
「大変ですねえ。」
▶一部始終、始終忙しい

□ 事前に
「事前に予約してから行かないと、入れないかもしれないよ。」
▶事前に準備する

□ 終日
「明日は終日出かけていますので、何かあったら携帯にお電話ください。」
▶終日忙しい

□ しょっちゅう
「その居酒屋なら、しょっちゅう行ってます。日本酒がおいしいんですよ。」
▶しょっちゅう喧嘩をする

□ 四六時中
「うちの息子は四六時中携帯を見ていて、家族と話したりしないんです。」
▶四六時中考える

□ 随時
「変更点などありましたら、随時ご連絡差し上げますね。」
▶随時受け付ける

□ 直後
「家を出た直後に、忘れ物に気がついちゃったんです。」
▶注意した直後

□ 直前
「もう試験直前ですから、体調には気をつけてくださいね。」
▶試験直前、出発直前

□ ちょくちょく
「この店にはちょくちょく来るんだけど、最近客が増えたと思うんだ。」
▶ちょくちょく聞く、ちょくちょく行く

□ とっくに
「申し込みって、いつまでだったかな？」
「えっ。もうとっくに期限過ぎてるよ！」
▶とっくに終わる

□ とっさに
「先生から注意されて、とっさに嘘をついてしまった。」
▶とっさに逃げる、とっさに嘘をつく

□ 長らく
「長らくお待たせいたしました。」
▶長らくご無沙汰しておりました

□ 前もって
「前もってお伝えしていたとおり、今日の会議のテーマは予算についてです。」
▶前もって言っておく

□ 日頃
「日頃から、運動するようにしているんです。」
▶日頃の態度、日頃から

□ 頻繁に
「一人暮らしを始めてからというもの、両親は頻繁にメールしてきます。」
▶頻繁に起こる、頻繁に連絡する

□ 〜ぶり
「先週、2年ぶりに甥に会いました。また背が伸びていましたよ。」
▶一週間ぶり、ひと月ぶり

□ ようやく
「3回受けて、ようやくN1に合格することができました。」
▶ようやく完成

擬音語・擬態語①―物や心の状態

□ そわそわ
「さっきからずっとそわそわしてますね。どうしたんですか。」
「もうすぐ子供が生まれるんです。」
▶そわそわする、そわそわした気持ち

□ どきっ
「占い師の言うことが当たりすぎてて、どきっとした。」
▶ どきっとする、どきっとさせる

□ どんどん
「先生、このページの問題は終わりました。」
「じゃあ、どんどん続きをしてください。」
▶ どんどん進む、どんどん食べてください

□ にこにこ
「森先生は優しい先生で、いつもにこにこしていました」
▶ にこにこする、にこにこ笑う

□ はらはら
「あの子、あんな所で遊んでて、危ないなあ。見ててはらはらする。」
▶ はらはらどきどきする、はらはらさせる

□ ぴかぴか
「このグラス、ぴかぴかに磨いてあるね。」
▶ ぴかぴか光る、床をぴかぴかにする

□ びくびく
「社長に呼び出されちゃったよ。何か叱られるのかなあ。」
「そんなにびくびくしなくても大丈夫じゃない？」
▶ びくびくする

□ びしょびしょ
「どうしたの！　びしょびしょじゃない！」
「急に雨が降りだしたんだよ。」
▶ びしょびしょになる、びしょびしょの靴

□ ひやひや
「危なかったあ！　今、（車に）ひかれそうだったね。」
「うん、ひやひやしたよ。」
▶ ひやひやさせる

□ ぼーっ
「ぼーっとしてるね。寝てたの？」
▶ 頭がぼーっとする

□ ぼんやり
「めがねをかけないと、ぼんやりとしか見えないんです。」
▶ ぼんやりしてミスをする、ぼんやりした人

擬音語・擬態語②—動きや変化の様子

□ いきなり
「今から遊びに行ってもいい？」
「えっ？　いきなり言われても困るよ。」
▶ いきなり来る、いきなり電話する

□ 一度に
「DVDは一度に何本まで借りられますか。」
「10本までです。」
▶ 一度に運ぶ

□ 急に
「電車が急に止まって転びそうになった。」
▶ （電気が）急に消える、急に動く

□ ぎりぎり
「課題提出の締切にぎりぎり間に合った。」
▶ ぎりぎり助かる、ぎりぎりの生活、ぎりぎりセーフ

□ きっかり
「あの人はいつも6時きっかりに会社を出る。」
▶ 500円きっかりのランチ、きっかり10分で作る

□ じっと
「この絵をじっと見つめていたら、不思議なことが起こるよ。」
▶ じっとしている、じっと見る

□ じろじろ
「そんなにじろじろ見ないでよ。」
▶ （だれかが）じろじろ見てくる、（だれかに）じろじろ見られる

□ すらすら
「サラさんは日本語がすらすら話せます。」
▶ すらすら読める、すらすら書ける

□ そろそろ
「もう、だいぶ暗くなったね。そろそろ帰ろうか。」
▶ そろそろ始まる、そろそろ出かける

□ 直ちに
「ここは危険です。直ちに移動を始めてください。」
▶ 直ちに中止する、直ちに避難する

□ とうとう
「あーあ、とうとう洗濯機が壊れちゃった。買い替えないと。」
「もう10年も使ってるからね。」
▶ とうとう始まる、とうとう完成する

□ どっと
「今日はずっと人込みの中にいたから、どっと疲れた。」
▶ （客が）どっと押し寄せる、（電車から人が）どっと降りてくる

● 著者

氏原 庸子（大阪 YWCA 日本語教師会会員）
岡本 牧子（大阪 YWCA 日本語教師会会員）

レイアウト・DTP	オッコの木スタジオ
カバーデザイン	花本浩一
翻訳	Alex Ko Ransom ／ Ako Fukushima
	司馬黎／王雪／Thuy Lan
	鷲津小弓／ Lai Thi Pjuong Nhung
イラスト	杉本千恵美
編集協力	日置陽子／高橋尚子／瀬山しづ可

日本語能力試験　Ｎ１聴解　必修パターン

平成 27年（2015年）　4月 10日　初版 第 1 刷発行
令和 3 年（2021年）　7月 10日　　　第 3 刷発行

著　者	氏原庸子・岡本牧子
発行人	福田富与
発行所	有限会社Ｊリサーチ出版
	〒166-0002　東京都杉並区高円寺北 2-29-14-705
電　話	03(6808)8801（代）　FAX 03(5364)5310
編集部	03(6808)8806
	http://www.jresearch.co.jp
印刷所	株式会社シナノ パブリッシング プレス

ISBN 978-4-86392-228-0
禁無断転載。なお、乱丁、落丁はお取り替えいたします。

©2015　Yoko Ujihara, Makiko Okamoto　　All rights reserved.　　Printed in Japan

〈模擬試験〉
答えとスクリプト

模擬試験　解答・解説 ‥‥‥ 2
解答用紙（対策編）‥‥‥‥ 15
解答用紙（模擬試験）‥‥‥ 16

問題1

1番 Disc 2 TR 13

洋菓子店で、女の人が男の人と話しています。女の人はケーキをいくつ買って帰りますか。

M：いらっしゃいませ。お決まりになりましたら、ご注文をどうぞ。

F：え～と、このイチゴのショートケーキとチーズケーキを2つずつと、シュークリームを4つください。

M：シュークリームは生クリームとカスタードクリームの2種類ございますが、どちらになさいますか。

F：どっちもおいしそうだから、半分ずつにしてください。

M：ほかにはいかがでしょうか。最近、こちらのニンジンのプリンが人気なんですが…。

F：ニンジンは苦手だから…。ああ、アップルパイがおいしそうね。じゃ、それも2つください。以上でいいです。

M：ありがとうございます。では、お会計させていただきます。合計で2780円でございます。

F：あ、これ、ポイントカード。今日でちょうど20ポイント貯まったから、1000円引きになりますよね。

M：はい。…ああ、お客様、このカードは期限が切れておりまして…。申し訳ございませんが、お引きすることができないんですが…。

F：そう…残念。じゃ、ごめんなさい、アップルパイは1つにして。

M：あ、はい、わかりました。

女の人はケーキをいくつ買って帰りますか。

正解：4

📖 ことばと表現

- □ ショートケーキ：shortcake ／花蛋糕／ bánh ga tô
- □ シュークリーム：choux crème ／奶油点心／ bánh su kem
- □ ニンジン：carrot ／红萝卜／ cà rốt
- □ プリン：pudding ／布丁／ bánh flan / caramen
- □ アップルパイ：apple pie ／苹果馅饼／ bánh nướng nhân táo
- □ 会計：to pay a check ／结帐／ tính tiền

- □ 期限：deadline, cutoff ／期限／ thời hạn

2番 Disc 2 TR 14

女の人が、デパートからかかってきた電話に出て、話しています。女の人はこの後、どうしますか。

M：もしもし、こちら、さくらデパート1階の化粧品売り場でございますが、斉藤まり子様のお宅でしょうか。

F：あ、はい、私です。

M：いつもありがとうございます。先日ご注文いただきました新商品の「シャドウの05番」が入荷いたしましたので、ご連絡させていただきました。

F：あ、そうですか。じゃ、近いうちにいただきに参ります。

M：はい。それで、ご来店いただく場合ですが、お取り置きの期間を1週間とさせていただいております…。

F：そうなんですか。じゃ、その間に行かないといけないんですね。

M：はい、申し訳ございませんが…。もしくは、こちらからお送りすることもできますが…。

F：あ、そうなんですか。送料は無料ですか。

M：いえ。送料は頂戴しております。斉藤様の場合、港区ですので、350円頂戴することになりますが…。

F：そうですか…。だったら、時間見つけて取りに行きます。

M：はい、承知いたしました。では、お待ちしております。

女の人はこの後、どうしますか。

正解：1

📖 ことばと表現

- □ お宅：相手の家や誰かの家を指す丁寧語。
- □ 入荷(する)：to receive goods ／进货／ nhận hàng
- □ いただく：ここでは「買う」の意味。
- □ 取り置き：店に商品を注文して、お金を払うまで取っておいてもらうこと。
- □ 頂戴する：「もらう」の謙譲語。

3番 Disc 2 15

美容院で女の人と男の人が話しています。女の人は髪をどのようにしますか。

M：いらっしゃいませ。今日はどうなさいますか。
F：最近、忙しくて来られなかったから、ずいぶん伸びたでしょ？バッサリ切っちゃってください。
M：え？いいんですか。バッサリ切っちゃうと、今みたいに束ねたりできなくなりますよ。
F：そうか…それも嫌だな。うーん…どうしたらいいかなあ。
M：長さは全体的にそろえる程度にして、少し段をつけて軽くしたらどうでしょう？ゆるいウェーブをつければ、かなりすっきりした感じになりますよ。
F：そうね。それと、色も少し明るめにしようかな。
M：そうですね。それでは、このオレンジ系の茶色なんか、いかがでしょうか。それとも、こちらの赤みがかった茶色も、今、人気の色ですが…。
F：え～、わかんないなあ。どっちが似合うかしら。
M：お客様なら、どちらもお似合いとは思いますが、これから夏に向かいますから、オレンジ系のほうが明るい感じでいいんじゃないでしょうか。
F：そうね。じゃ、任せるわ。

女の人は髪をどのようにしますか。

正解：3

ことばと表現

□ バッサリ：思い切りよく切る様子。
□ そろえる：ここでは〈長く伸びすぎた部分を中心に切りながら、全体的にバランスを整えること〉を意味する。
□ 段をつける：髪に軽さや動きが出るように（上から下にかけて段がつくように）切る。
□ ゆるい：lax, mild／缓慢／lỏng
□ ウェーブ：wave／波／gợn sóng
□ 赤み：赤くなった状態・様子
□ ～がかる：～に似たようになる

4番 Disc 2 16

ホテルで、フロント係が女の人と電話で話しています。この後、フロント係は客室係に何と伝えますか。

M：はい、フロントでございます。
F：あのう、305号室ですけど、部屋のエアコンから水がポタポタ落ちてくるんです。
M：申し訳ございません。すぐ、係の者を伺わせます。
F：それから、バスタオルと歯ブラシがないんです。ついでに持ってきてくれますか。
M：バスタオルと歯ブラシでしたら、クローゼットの引き出しの中にご用意しております。歯ブラシはほかのアメニティーグッズと一緒に紫色の袋にお入れしております。
F：え？ちょっと待ってください。…あ、ありました。で、係の人って、いつ来てくれるんですか。
M：すぐに手配いたしますので、しばらくお待ち願えますでしょうか。
F：早く来てもらえますか。出かけないといけないから。
M：もし、よろしければ、お留守の間に点検を済ませることもできますが…。
F：う～ん、留守の間に入られるのは嫌だから、とりあえず、待ってるから、早く来てもらえますか。
M：承知いたしました。すぐ手配いたします。

この後、フロント係は客室係に何をするように指示しますか。

正解：4

ことばと表現

□ フロント：front desk／前台／quầy tiếp tân
□ クローゼット：closet／衣帽间／tủ
□ アメニティーグッズ：amenities／饭店提供的免费洗漱用具／đồ amenity
□ 点検：to inspect／检查／kiểm tra
□ 手配(する)：to arrange／安排、筹备／chuẩn bị

5番 Disc 2 17

デパートの帽子売り場で、女の人と男の人が話しています。女の人は、この後、どの帽子を買いますか。

M：いらっしゃいませ。どのような帽子をお探しでしょうか。
F：普段かぶる帽子なんですが…。すぐ日に焼けちゃうので…。
M：でしたら、このようなつばの広いものはいかがでしょうか。お顔だけでなく、首筋までカバー

3

できますので、紫外線をかなり防ぐことができますが…。

F：ちょっと見せてください。う～ん…ちょっとこのリボンが目立ちすぎかなあ。それに、風が吹いたら飛ばされちゃいそう。

M：では、こちらなどはいかがでしょうか。先ほどのものよりシンプルなデザインになっておりますが…。

F：あら、花がついてて、かわいい。…あ、その右側にあるのもよさそう。

M：こちらは前だけですので、首筋のほうが…。

F：そうか。じゃ、やっぱりさっき見せてもらったほうにしようかなあ。いくらですか。

M：ありがとうございます。5800円になります。今日のお洋服にも、とてもお似合いです。今、かぶって行かれますか。

F：そうね。そうします。

女の人は、この後、どの帽子を買いますか。

正解：3

ことばと表現

- つば：brim ／帽沿／ vành mũ
- 首筋：首の後ろの部分。
- カバー(する)：to cover (oneself) ／遮光／ phủ
- 紫外線：ultra-violet rays ／紫外线／ tia tử ngoại
- リボン：ribbon ／蝴蝶结／ nơ

6番 Disc 2 18

会社で、男の人と女の人が電話で話しています。男の人は、この後、どうしますか。

M：はい、ABC電気です。

F：ああ、田中さんですね。この前はどうも。

M：いえ、こちらこそ。お時間を割いていただきまして、ありがとうございました。

F：それで、早速なんですが、会社で購入を検討したいと思いまして、サンプルを1ついいですか。

M：かしこまりました。では、明日お持ちいたしましょうか。いろいろご説明したいですし…。

F：ええ…。でも、何度も悪いですから、宅配でいいですよ。

M：わかりました。では、あすのお届けでご用意します。

F：ありがとうございます。…じゃ、できれば早いほうがいいので、受け取りの時間を午前にしていただけますか。

M：わかりました。では、よろしくご検討ください。

男の人は、この後、どうしますか。

正解：1

ことばと表現

- 割く：時間や人などを使う。
- 購入(する)：買うこと。
- 宅配：delivery ／送货上门／ chuyển đến tận nhà

問題2

1番 Disc 2 20

女の人と男の人が写真を見ながら話しています。男の人は誰と誰を間違えましたか。

M：あ、山田さん、何の写真？

F：あら、木村君、久しぶり。これは休みに四国へ旅行に行った時の写真。

M：へ～、見せてよ。いい？ 誰と行ったの？

F：学生時代の友達と…。

M：あれ？ この人は？ お姉さん？

F：え？ その人は関係ないよ。友達と行ったんだから。

M：でも、そっくりだよ。

F：だから、違うって。赤の他人だってば。

M：へ～。世の中には自分と似ている人が3人いるって聞いたことがあるけど、この人はまさにそれだね。

F：そんなに似てる？ 自分ではよくわかんないけど…。

M：そういうもんだよ。ぼくも以前、駅で知らない人から声をかけられて、義理の兄に似てるって言われて、写真も見せられたんだけどさ、「ああ、そうですか」って感じだったよ。

F：へ～。でも、そんなに似てるかなあ、この人…。

男の人は誰と誰を間違えましたか。

正解：2

ことばと表現

- 赤の他人：自分と何の関係もない他人であること

を強調した言い方。
- **義理の**：in-law／不是亲的（弟妹）／họ

2番 Disc 2 - 21

夫婦が住宅のモデルルームの展示場で話しています。女の人は、この家のどこが気に入りましたか。

M：見て、見て。すごいな、この家。窓の開閉が全自動なんだって。
F：え？　どういうこと？
M：だから、ボタン一つで開けたり閉めたりできるんだよ。窓だけじゃなくて、鍵もブラインドもだよ。
F：へ〜。でも、それって必要？　手で開ければいいんじゃない。人間、あまりずぼらになるとだめよ。
M：厳しいなあ。でも、自動食器洗い機とお掃除ロボットは欲しいって、よく言ってるじゃない。
F：それは別。だって、便利だもの。・・・ねえ、見て！ここの台所、収納スペースがいっぱい。こういうの、いいな。それに、流し台の高さが私にぴったり!!　料理がしやすそう。
M：ん〜、確かに使いやすそうだね。オール電化みたいだし。
F：待って。それには反対。初めはいいと思ってたんだけど、電気だけに頼るのも、ちょっと不安に思うようになっちゃってさ。
M：そうだなあ。エネルギー問題はこれからどうなるか、わからないしね。
F：でも、この間取りじゃ、子どもができたらちょっと狭そうね。
M：だから、ここを区切って、子ども部屋にできるようになってるんじゃないの？
F：ああ、なるほど…。やっぱり、いいな、新しい家は…。

女の人はこの家のどこが気に入りましたか。

正解：4

ことばと表現
- **モデルルーム**：実際のデザインや大きさに合わせた住宅モデル。
- **ブラインド**：blinds／百叶窗／màn sáo
- **ずぼら**：messy, sloppy／懒散／lười biếng
- **収納**：to store／收纳／cất đồ
- **スペース**：space／空間、場地／khoảng trống

- **オール電化**：冷房・暖房、台所、風呂などの設備がすべて電気によること。
- **間取り**：建物の中の部屋などの位置。

3番 Disc 2 - 22

女の人と男の人が、夏休みについて話しています。女の人が今年の夏に旅行をキャンセルしたのは、なぜですか。

M：やあ、久しぶり！　夏休み、どうだった？
F：うーん…のんびりしてた。どっか行ったの？　焼けてるじゃない。
M：グァムにちょっとだけ。家族サービスでね。まあ、子供は喜んでたけど、ぼくはゴルフがしたくても相手もいないし…。ずっとプールサイドで寝てたよ。
F：優雅ね〜。私が日本で暑さと戦っている時に、グァムか〜。
M：え？　じゃ、どこにも行かなかったの？
F：うん。去年の夏、野外コンサートに行って、倒れちゃったことがあったじゃない、軽い熱中症で。あれ以来、母に、暑いさなかにあちこち出かけるなってうるさく言われてて…。まあ、それでも、沖縄旅行を予定してたんだけど、ちょっと体調崩しちゃって…。結局、用心してキャンセルしたの。
M：そうか…。去年が残念なことになったから、今年はどこか行ってるとばかり…。
F：うん…。でも、また去年みたいになるのも嫌だし、しょうがないかなあって。まあ、おかげで読みたかった本が読めたし、結果的にはリフレッシュしたけどね。
M：じゃ、よかったじゃない。
F：うん。でもその代わり、冬にはちょっと贅沢に海外行こうと思って、今、計画立ててる。
M：今から？　ちょっと早くない？

女の人が今年の夏に旅行をキャンセルしたのは、なぜですか。

正解：2

ことばと表現
- **優雅（な）**：elegant, refined（な）／优雅／trang nhã
- **熱中症**：気温が高い日に仕事や運動をしたときなどに、体温調節の機能が失われる病気。

☐ リフレッシュ(する)：to refresh ／換新／ tỉnh táo

4番 Disc 2 23

授業の後、男の学生と女の学生が話しています。男の学生は何を注意されましたか。

F：先生、何て？
M：この間の試験のこと。
F：聴解？
M：ううん、文法。あまりにも範囲が広いから、山かけたら、見事に外しちゃって…。結局、実力どおりの結果になっちゃったってわけ。
F：ああ、あれね。ほとんど本一冊だったもんね、範囲が。まあ、先生のほうが一枚も二枚も上手だったってことね。
M：この前はうまくいったんだけどなあ。
F：でも、最近、宿題もあまり出してないでしょ。先生に目をつけられてたんじゃない？
M：そんなことないよ。宿題は出してるよ。まあ、友達に写させてもらうことが多いけど。
F：ほら、それよ。先生は見ればわかるんだって。もっとちゃんと勉強しろってことね。
M：先生だけじゃなく、君にまで叱られちゃったな。

男の学生は何を注意されましたか。

正解：1

ことばと表現

☐ 山をかける：当たることを期待しながら、ねらいを絞る。「山を張る」とも。
☐ 外す：(予想やねらいが)当たらない。
☐ 一枚も二枚も上手：相手と比べて、より優れている。
☐ 目をつける：特別に注意を向ける。

5番 Disc 2 24

女の人と男の人が話しています。女の人はどうして恥ずかしかったのですか。

M：ねえ、あの映画見た？
F：見た見た。背筋が寒くなっちゃった。
M：ぼくも。あんなことって実際起こりっこないとは思うけど…。

F：それがさ、映画見たその日によりにもよって、バイトの帰りが遅くなっちゃってさ…。うちの近所、真っ暗だし…。
M：わ〜、なんか、あの映画と似てる。
F：ね、そうでしょ。私もそう思っちゃって…。
M：そんな時って、何か気配を感じるんだよね。
F：そうなの。駅の北側に地下道があるでしょ。あそこ歩いてたら、後ろに人の気配を感じてさ。もう、手は汗でびっしょり、のどはからから…。そしたら、足音がどんどん近づいてくるじゃない。「ああ、どうしよう」って思ったその瞬間よ、名前を呼ばれて、私、思わず変な声を出しちゃったの。で、振り返ったら、向かいの奥さんだったの。もう、恥ずかしくて…。
M：あははは。穴があったら入りたいね。
F：もう、ひとごとだと思って。奥さんも、びっくりしてたよ。
M：そりゃ、そうだろうね。でも、とにかく、無事でよかったね。

女の人はどうして恥ずかしかったのですか。

正解：2

ことばと表現

☐ 背筋が寒くなる：恐ろしくて、ぞっとする。
☐ 気配：indication, sign ／照料、周到、安排／ cảm thấy
☐ びっしょり：ひどく濡れていること。
☐ からから：すっかり乾いていること。
☐ 振り返る：後ろを見る。
☐ ひとごと：(自分には関係のない)他人の事。

6番 Disc 2 25

女の人が冷蔵庫について話しています。女の人は何をしてはいけないと言っていますか。

F：冷蔵庫は家電の王様と言われています。テレビを置かない主義の家庭はあっても、冷蔵庫がない家というのは珍しいのではないでしょうか。最近は大型化の傾向が見られ、容量400リットル以上で冷凍庫やチルド室、野菜室などを備えた4ドア、5ドアのタイプがよく売れているそうです。それに伴って、何でも詰め込む人が増えてきました。賞味期限を1、2年過ぎた肉や魚が冷凍室にあったり、いつ買ったかわからないマヨネーズがドア

ポケットにあったり…。そういうことはありませんか。賢い主婦である皆さんは、買う時に賞味期限をちゃんとチェックされていると思いますが、一度買って冷蔵庫に入れたら、安心してしまいがちです。ところが、食品は確実に劣化するものです。2、3日で食べきれる量を買い、なくなってからまた買いに行けば、大きい冷蔵庫も必要なく、エコな生活にもつながります。冷蔵庫を食品の墓場にしないでください。

女の人は何をしてはいけないと言っていますか。

正解：3

📖 ことばと表現

□ 家電：「家庭電化製品」や「家庭電気製品」が短くなったもの。
□ 主義：rule, principle／主义／chủ nghĩa
□ 容量：それに入る量。
□ 冷凍庫：freezer／冰箱／ngăn đá
□ チルド室：冷蔵庫の収納部分の一つで、肉・魚・ハムなどをわずかに凍る程度で保存する。
□ 〜に伴って：〜と一緒に。
□ 詰め込む：多すぎるものを無理に入れる。
□ 賞味期限：おいしく食べられる限界の時期。
□ 劣化（する）：to degrade／老化／bị hư
□ エコ（な）：自然や環境とうまくバランスをとっていること。

7番　Disc 2　26

男の人が関西の夏の風物詩について話しています。「天神祭」と「五山送り火」に共通するものは何ですか。

M：大阪の夏祭りといえば、何と言っても「天神祭」でしょう。毎年7月24日25日に行われるこの祭りの歴史は古く、大阪天満宮が作られた翌々年の951年に始まったといわれています。25日が本宮といい、100あまりの船が天神橋を出発し、川を行き交います。水上を舞台に、炎と水の夏の夜の祭典が繰り広げられるのです。まさに水の都、大阪にふさわしい祭りといえるでしょう。
一方、8月になると京都の夏の終わりを告げる伝統行事「五山送り火」が行われます。中でも大文字焼きはシンボル的存在です。先祖の霊を送ると

いわれる炎は、荘厳で、どこかノスタルジーを感じさせます。夏の夜空を焦がす炎を眺めながら、この日ばかりは過ぎた夏を思うのです。

「天神祭」と「五山送り火」に共通するものは何ですか。

正解：3

📖 ことばと表現

□ 何と言っても：ほかのすべてに対し、それが優先されることを表す。
□ 行き交う：人や乗り物が行き来する。
□ 祭典：祭りや大きな行事。
□ 繰り広げる：物事を次々に展開する。
□ 告げる：announce／告诉／báo
□ シンボル：symbol／象征／biểu tượng
□ 荘厳（な）：solemn（な）／庄严／nghiêm trang
□ ノスタルジー：故郷や昔を懐かしく思う気持ち。
□ 焦がす：burn／烤糊、烦恼、焦虑／cháy

問題3

1番　Disc 2　28

男の人が講演会で話しています。

M：高齢者の就職状況は、ますます厳しくなっています。しかし、70代、80代でもいい待遇で就職できる人もいるんです。そのポイントは何なのか、いくつかあるんですが、最初の関門は書類選考ですね。この人に会ってみたいと思ってもらえるような履歴書を書かなければいけません。よく、学歴や職歴だけで、あとは空欄にしている人がいるんですが、これはいけません。志望動機や特技なども必要です。大事なのは健康面です。体が丈夫で人生に前向きだ、ということが伝わればいいですね。書類選考にパスすると、いよいよ面接です。背筋を伸ばし、若々しく話しましょう。小さい声はタブーです。前の会社を辞めた理由とか、聞かれたくないことも聞かれるかもしれません。「ちょっと、いろいろあって…」というのではだめです。しっかり準備しておきましょう。それまでの職歴が華やかでも、最後は人柄です。誠実さや自分の良さをはっきりとアピールしましょう。

高齢者の就職で気をつけなければならないことは何ですか。
1 今まで自分がどんな仕事をしてきたかをアピールすること
2 自分はまだまだ健康で働く意欲があることをアピールすること
3 自分にとって不利になることを言わないこと
4 志望動機を大きい声ではっきり言うこと

正解：2

📖 ことばと表現

- □ 関門：barrier／关口、门户／vật chướng ngại
- □ 選考（する）：to select／选拔、评选／tuyển chọn
- □ 履歴書：resume／履历书／sơ yếu lý lịch
- □ 学歴：educational history／学历／quá trình học tập
- □ 職歴：work history／职业／quá trình làm việc
- □ 志望（する）：こうなりたい、こうしたいと希望すること、また、そのような希望の内容。
- □ 動機：motivation／动机／động cơ
- □ 特技：skills／特长／kỹ năng đặc biệt
- □ 前向き：積極的な態度。
- □ 背筋：背中の中央の筋肉。
- □ 華やか（な）：showy（な）／华丽／lộng lẫy
- □ 人柄：人の性格や性質。
- □ 誠実さ：sincerity／诚实／chân thật

2番 Disc 2 29

男の人が話しています。

M：最近のテレビのCMには、大人向けの商品なのに、妙に子供っぽい演出のものが目立つように思うんです。それに、20代や30代の人が、他人に対して、自分の親のことを「お父さんが…」「お母さんは…」と話しているのも、よく耳にします。若さが特権という考えは昔からありますが、「あの～」「やだ～」といった甘えたようなしゃべり方や、内股気味に歩く、指を広げて手を叩く、などのしぐさで若さを表現しようとする風潮には、正直、うんざりします。とにかく、過保護で育った自立できない大人が多い。親は子どもを導かず、子供の機嫌をうかがう。それを「優しさ」というらしいですが、私からみれば、勘違いもはなはだしいと思うのです。子供が大人の真似をしてみせるのは、時としてサマになりますが、大人が子供の真似をしても、ただ醜いだけじゃないでしょうか。何となく気持ち悪さを感じるのは、私だけでしょうか。

男の人が一番言いたいことは何ですか。
1 大人が幼児化していく社会のあり方に疑問を感じる
2 大人は、子供に対してもっと厳しく指導するべきだ
3 子供が真似しないよう、大人は間違った行動を改めるべきだ
4 大人は、子供が真似したくなるような行動をするべきだ

正解：1

📖 ことばと表現

- □ 妙に：strangely／奇怪／kỳ lạ
- □ 演出（する）：to produce, to direct／演出／đạo diễn
- □ 耳にする：（情報や事実として）聞く。
- □ 特権：privilege／特权／đặc quyền
- □ 内股：pigeon-toed／罗圈腿／ngón chân bị quẹo vào trong
- □ しぐさ：behavior／举止、动作／cử chỉ
- □ 風潮：tendency／风潮／xu hướng
- □ うんざりする：同じことが続いていやになること。
- □ 過保護：overprotective／过于保护／bảo vệ quá mức
- □ 自立（する）：to become independent／自立／tự lập
- □ 導く：guide, lead／引导／hướng dẫn
- □ 勘違い（する）：to misunderstand／误会、记错／hiểu nhầm
- □ 時として：「時々」という意味の強調した言い方。
- □ サマになる：様になる。それらしいものとして、一つの形になる。
- □ 醜い：unsightly／丑陋／xấu

3番 Disc 2 30

テレビで、女の人が話しています。

F：「就職活動」を短くして「就活」と言うようになって久しいですが、最近では「婚活」という言葉も市民権を得たようですね。その中心が、婚活パーティーです。いわゆる「お見合い」のようなものですが、お見合いが、1対1で会い、かなり緊張した雰囲気の中で行われるのに対し、婚活パーティーは、広い会場に男女が集まり、和気あ

いあいと話をしながらパートナーを選びます。中には、こんな珍しいものもあるそうです。会場に用意されたのは、昔懐かしい学校の机。そこで、「班替え」をしながらグループで会話をします。まず、「朝の会」の自己紹介から始まり、「授業」形式で進み、「給食」の時間では、自分たちでおかずを取り分けてみんなで食事をします。午後は、「体育」でバレーボールを楽しみ、最後の「ホームルーム」で全員と1対1で話します。そして「放課後」は告白タイム。気に入った人の名前を紙に書いて出し、男女で合っていればカップル成立、というものだそうです。子供の頃を思い出しながら、素直な気持ちで男女が向き合えるかもしれません。うまくいけばいいですね。

女の人の話にタイトルをつけるとしたら、どれがいいですか。

1 お見合いと婚活パーティーの違い
2 就活から婚活までを楽しく
3 パートナー選びは多くの出会いから
4 初恋気分？　"学校"で婚活パーティー

正解：4

ことばと表現

- **久しい**：ある時から長い時間がたった。
- **市民権**：civic rights ／市民权／ quyền công dân
- **和気あいあい**：親しみを感じながら、みんなで楽しんでいる様子。
- **パートナー**：partner ／配偶／ người phối ngẫu
- **班**：team ／小组／ tổ
- **〜替え**：別のもの・内容に変えること。
- **取り分ける**：人数に応じて、食べ物などを取って分ける。
- **ホームルーム**：(科目の授業とは別に) クラスで話し合いをするための時間。
- **放課後**：学校で、その日の授業が終わった後。
- **告白(する)**：to confess ／告白／ tỏ tình
- **カップル**：couple ／恋人、情侣／ cặp tình nhân

4番　Disc 2 31

男の人が講演会で話しています。

M：五月病という言葉が最初に使われたのは1968年ごろのことです。受験戦争を経てやっと大学に入った新入生が、5月の大型連休明けに無気力、うつ状態になることで、心身が不安定になりやすい5月に起こるため、この名前がつきました。目の前の高いハードルを越えた先の喪失感と新しい環境への不適応から、まじめな人ほど、自信喪失や将来の不安に陥ります。しかし、これが新入生だけに限らず、新しい仕事についた新入社員や中高年にも見られるようになり、5月だけに限定されなくなってきました。その背景には、人間関係構築の弱さがあると思うのです。環境が変わったときに適応できない、また、希薄な人間関係の中で、腹を割って話せる人がいない。五月病の今日の様相は、今の社会を映しているともいえ、人間関係の大切さを訴えているようにも思うのです。

男の人の考えとして、正しいものはどれですか。

1 昔の五月病と現代の五月病は、まったく違うものである
2 多様化した五月病からは、人間関係の希薄さがうかがえる
3 人間関係を大切にしなければ、五月病はなくならない
4 五月病は5月だけのものではなくなった

正解：2

ことばと表現

- **無気力**：lethargy ／无气力／ trạng thái đờ đẫn
- **うつ**：depression ／忧郁／ trầm cảm
- **ハードル**：hurdle ／障碍／ rào
- **喪失(する)**：to lose ／丧失／ mất mát
- **不適応**：inadequate ／不合适、不适当／ không thích ứng
- **陥る**：〜という悪い事態になる。
- **希薄(な)**：気持ちや意識が薄いこと。
- **腹を割る**：隠さず、本当の気持ちを言う。
- **様相**：様子や状態。抽象的な物事について使われる。
- **訴える**：あるものの価値や必要性に対する理解を求める。

5番　Disc 2 32

質問に答えて、男の人が話しています。

M：いえ…ぼくは別に気にしませんね。生まれた時に家族は選べないでしょ。だから、一緒に住む人を選べるっていうのは結構新鮮ですよ。その方法がインターネットだ、というだけです。そんなに簡単に同居人を決めちゃって大丈夫かって聞かれるけど、免許証などで身元の確認をしたり、親の連絡先を交換したりしているんだし。第一、メールの文面を見れば、相手がどんな人か大体わかりますよ。それと、同居にあたっての最低限のマナーも決めます。共有のものを買うときはどうするかとか、共有部分の掃除当番とか…。後々不満が出たり、トラブルになったりしないよう、取り決めは書面でするようにします。少々高くても、便利なところに住みたいという、同じ目的の人がお金を出し合って約束の上で同居する。人間、初めはみんな見ず知らずですよ。でも、お互いを尊重し合えるなら、ぼくはそんなドライな関係が身軽で好きですね。

男の人は何について話していますか。
1 インターネットで同居人を募ること
2 家族と同居人は同じだということ
3 見ず知らずの他人と同居すること
4 ドライな人間関係は気楽でいいということ

正解：1

📖 ことばと表現

- 同居：一緒に住むこと。
- 身元：identity／身份／nhận dạng
- 文面：書かれている内容。
- 最低限の：minimum／最低限的／tối thiểu
- 共有：to share／共有／chia sẻ
- 後々：「後で」という意味の強調した言い方。
- 取り決め：decision／商定、規約／thoả thuận
- 書面：(言うだけでなく、書かれたものとしての) 書類。
- 見ず知らず：その人のことを全く知らないこと。
- ドライ(な)：(好き嫌いや感情によらないで) 現実的・合理的に考える様子。

6番

Disc 2 / 33

大学で女の人が話しています。

F：中学、高校の時、運動部の部活動を経験した人としなかった人とでは、中年以後の運動能力に差が出る、ということが調査結果からわかりました。中・高で運動部の活動経験がある45歳から49歳の男性の平均点は60点満点中34点で、経験のない25～29歳よりは約1点低かったものの、20～24歳や30～34歳より約1点高いという結果が出ました。さらに、中学の時のみ経験がある45～49歳よりも、2点ほど高い水準を示しました。女性も、中・高で経験のある45～49歳の平均点が36.5点で、経験のなかった20～24歳や25～29歳に比べて2点も高いなど、男性よりも大きな差がつきました。この調査により、学生時代の運動量が生涯にわたって影響することがわかってきました。

女の人の話の内容として、正しいのはどれですか。
1 運動部の経験のない25～29歳の男性の平均点は34点
2 運動部の経験のない30～34歳の男性の平均点は36点
3 運動部の経験のない25～29歳の女性の平均点は38点
4 運動部の経験のない20～24歳の女性の平均点は34.5点

正解：4

📖 ことばと表現

- 中年：middle-age／中年／tuổi trung niên
- 差：difference／差、差別、差距、区別／khoảng cách
- 満点：perfect score／満分／hoàn hảo
- 水準：standard／水平、水准／mức
- 生涯：lifetime／毕生、生涯、生平／cuộc đời

問題4

1番

Disc 2 / 35

M：息子が来年、結婚することになりまして…。
F：1 まあ、これはこれは。
　　2 まあ、あれはあれは。
　　3 まあ、それはそれは。

正解：3

模擬試験　解答・解説

2番　Disc 2 36

M：ぼくなんか、どこにも就職できっこないよ。
F：1　大丈夫。必ず就職できるってば。
　　2　心配しなくても、どこにも就職しやしないよ。
　　3　うーん、どこに就職するんだろうね。

正解：1

📖 ことばと表現

□ ～っこない：可能性を強く否定する表現。「～はずがない」「～わけがない」。
□ ～ってば：文の最後に付けて、自分の言うことが理解されない不満を表す表現。

3番　Disc 2 37

F：別に行きたいわけじゃないけど、行かないわけにいかないのよ。
M：1　ふ～ん、だから行くんだ。
　　2　ふ～ん、だから行かないんだ。
　　3　ふ～ん、だから行きたくないんだ。

正解：1

4番　Disc 2 38

F：暑い中、歩き回ったら、日に焼けちゃった。
M：1　あんまり顔色よくないね。
　　2　いいんじゃない、健康的で。
　　3　大丈夫？　ちょっと休んだら？

正解：2

📖 ことばと表現

□ 顔色：感情を含んだ顔の表面的な変化。

5番　Disc 2 39

M：あの人、日本人離れした顔してるね。
F：1　うん、彫りが深いよね。
　　2　うん、日本人じゃないからね。
　　3　うん、アメリカにいたからね。

正解：1

📖 ことばと表現

□ ～離れ：使わなくなったり、関係を持たなくなったりすること。
□ 彫りが深い：顔の凹凸がはっきりしていること。

6番　Disc 2 40

M：ぼくは甘いものに目がないんです。
F：1　へ～、そんなに苦手なんだ。
　　2　へ～、そんな変な味なんだ。
　　3　へ～、そんなに好きなんだ。

正解：3

📖 ことばと表現

□ ～に目がない：（趣味や食べ物などについて）大好きであること。

7番　Disc 2 41

F：コーヒー1杯で粘られたら、たまんないよね。
M：1　うん。ありがたいね。
　　2　そうだね。粘り勝ちだね。
　　3　ほんと、商売にならないよ。

正解：3

📖 ことばと表現

□ 粘る：飽きたりあきらめたりせず続ける→ここでは、長い時間いること。
□ 粘り勝ち：粘った結果、最後に勝つこと。

8番　Disc 2 42

F：田中君がこのクラスを引っ張ってよ。
M：1　わかった。まとめるよ。
　　2　わかった。注意するよ。
　　3　わかった。連絡しとくよ。

正解：1

9番　Disc 2 43

F：忘れたくても忘れられないことって、あるよね。
M：1　ある、ある。単位が一つ足りなくて留年したこととかね。
　　2　ある、ある。好きだった女の子に初めて声をかけられたこととかね。
　　3　ある、ある。先生にいろいろ教えてもらったこととかね。

正解：1

📖 ことばと表現

□ 留年（する）：to repeat a year ／留級／ở lại học thêm một năm

11

10番 Disc 2 44

F : レポート、赤、入れといたからね。
M : 1 じゃ、やっと完成ですね。
　　 2 わかりました。すぐ直します。
　　 3 そうですか。じゃ、ボツですね。

正解：2

📖 ことばと表現
□ 赤を入れる：直すこと、直す指示を入れること。
□ ボツ：discard, reject／机器人／hủy

11番 Disc 2 45

M : 仕事はもう片付いたの?
F : 1 ええ、何とか終わりました。
　　 2 それが散らかってて…ちょっと大変です。
　　 3 これから片付けようと思ってたところです。

正解：1

12番 Disc 2 46

M : あの監督は役者を型にはめようとするね。
F : 1 そう。役者の個性が出ないんだよ
　　 2 そうだね。いい役者を育ててると思う。
　　 3 うん。監督が一番力を入れてるところだよね。

正解：1

📖 ことばと表現
□ 型にはめる：個人の特徴やアイデアなどを認めず、決まった形ややり方に合わせる。
□ 個性：personality／个性／cá tính

13番 Disc 2 47

F : 急なんだけど、私、会社、やめることにした。
M : 1 やめたの? ずいぶん急だね。
　　 2 そうなんだ。で、どうするの?
　　 3 なんで? やめなくてもよかったのに。

正解：2

14番 Disc 2 48

M : もう決まったことなんだから、今さらガタガタ言うなよ。
F : 1 だって、いやなんだもん。
　　 2 だから、言ったじゃないの。
　　 3 ごめん、つい口がすべっちゃった。

正解：1

📖 ことばと表現
□ ガタガタ言う：指示や決定にそのまま従わず、不満を言ったり質問したりする。

問題5

1番 Disc 2 50

家族3人が旅行について話しています。

F1 : 今朝のニュースで今年は台風が多いって言ってたけど、来月の旅行、大丈夫かしら。
M : 母さんも心配性だなあ。まだ1か月以上もあるじゃない。台風が来るかどうかなんて、誰もわからないよ。
F2 : でも、よく台風で足止めされた人が空港で寝るはめになったりするじゃない。あれは悲惨よねぇ。
F1 : そうそう。飛行機や船はすぐ欠航するからね。今回は新幹線で行くんでしょ?
F2 : でもさぁ、新幹線だって、大雨やなんかで止まるじゃない。いっそ車で行くほうがいいんじゃない? 台風が来たら、ルート変えればいいし。
M : おいおい、おれ一人に働かせようって言ってるのか。せっかくの休みなのに…。よう子だって、免許持ってるんだろ?
F2 : だめだめ。私なんかが運転したら、修理代のほうがかかっちゃうから。
M : でも、渋滞したら、ずっと車の中だぞ。それに、台風が来れば、崖崩れや土砂崩れもあるだろうし…。
F2 : そんなとこに行かなきゃいいのよ。それに、天気が悪くなっても、車だったら移動するのに楽でしょ。
F1 : そうね…。今回は4日間の予定だから、結構な荷物になりそうだし。
M : 新幹線が一番楽だと思うけどな。必要ならタクシー使えばいいんだし。
F2 : でも、やっぱり車のほうがいいな、楽しそうだし。ね、いいでしょ。

模擬試験　解答・解説

M：やれやれ。

お母さんは、どうして車で行くほうがいいと思いましたか。

1　台風が来るから
2　荷物が多いから
3　楽しそうだから
4　飛行機や船はすぐ欠航するから

正解：2

📖 **ことばと表現**

- **心配性**：小さなことまで気にして、すぐ心配する性質。
- **足止め（する）**：外出や通行、移動を止められること。
- **～はめになる**：～という事態になる。
- **欠航（する）**：to cancel a flight ／停飞／ hủy bỏ chuyến bay
- **ルート**：route ／路线、途径／ con đường
- **崖**：cliff ／悬崖／ vách đá
- **崩れ**：collapse ／塌方／ lở
- **土砂**：earth and sand ／土砂／ đất
- **やれやれ**：簡単に済まない物事に疲れを感じる気持ちを表す表現。

2番
Disc 2 TR 51

会社の同僚3人が靴について話しています。

F1：靴の趣味、変わってきたね？　前はヒールが多かったけど。

F2：あ、趣味じゃなくて、ガイハンボシ。

F1：ガイハンボシ？

F2：そう。足の親指がね、小指のほうに曲がってしまうの。

M：それ、最近、子供や男性にも増えてるんだって。

F2：そうなの？　私はヒールが好きだったんだけど、ヒールって先が細いでしょ。それで…。でも、男性もって、どうして？

M：現代人は歩かなくなってきてるじゃない。それで、バランスを取るのが下手になってきちゃってるんだって。

F1：へえ。それって痛いの？

F2：足だけじゃなくて、頭痛や肩こりもひどくなってきてね。

F1：え～、そんなのにも影響するんだ。

F2：うん。でも、足に合った靴を履くようになってからは、肩こりとかも、あまり気にならなくなったよ。

M：へー。靴って、すごい重要なんだね。子供たちも、親がサイズの大きな靴を履かせるでしょ。それも原因になるんだって、ガイハンボシ。

F1：ヒールじゃなくても、なるんだ。

F2/M：確かに。

女の人はなぜガイハンボシになりましたか。

1　歩かなくなっていたから
2　先の細い靴を履いていたから
3　足に合う靴を履くようになったから
4　大きなサイズの靴を履かされたから

正解：2

📖 **ことばと表現**

- **ヒール**：(high) heels ／鞋跟／ gót giày
- **外反母趾**：足の親指が内側に曲がった状態になること。
- **小指**：little toe, pinky ／小拇指／ ngón tay út

3番
Disc 2 TR 52 — Disc 2 TR 53

女の人が結婚情報サービスの説明をしています。

F1：忙しい現代、出会いの場は十分でなく、結婚相談所や結婚情報サービスを利用する人が増えているようです。これにはいくつかのタイプがあります。まず、昔からある仲人が仲介するタイプ。最近ではアドバイザー型などとも言われています。仲人が全部世話してくれるので、人見知りをする人にはお勧めです。また、一般的なイメージはあまりよくないですが、出会い系サイトの中にも、良心的で真面目なものもあります。無料のものも多く、気軽に利用できます。それと、登録制のサービス。会費を払うと、ネットを通じて会員同士が互いにプロフィールなどを検索できます。忙しい方や海外在住の方の利用が多いです。最後にパーティー型。参加費を払って多くの人と出会えます。直接会える分、相手をよく知ることができるのが、メリットです。

F2：お兄ちゃん、そろそろ本気で結婚を考えたら？

M：うん…。その気はあるんだけど、仕事は毎日忙

13

しいし、出会いとかはないし、つい、後回しになるんだよね。でも、まり子だって、そろそろだろう？

F2：私は考えてるよ。っていうか、今度、そのパーティー型のに参加してみることにしたの。

M：へー、まり子には合ってそうだな。

F2：お兄ちゃんはそういうの、苦手だよね。…あ、そうだ。おばさんの友達でいるじゃない？ 結婚相手の紹介する人。あの人に相談してみたら？ 今までに何十組もカップルを作ってきたんだって。

M：ああ…何年か前に話があったよ、その時は会わなかったけど。そうだね、じゃ、ちょっと言っといて。

質問１．女の人はどのタイプの結婚相談サービスを利用しますか。

質問２．男の人はどのタイプの結婚相談サービスを利用しますか。

正解：（質問１）**4**、（質問２）**1**

📖 ことばと表現

- □ **仲人**：go-between ／媒人／ người làm mối
- □ **仲介**(する)：to intermediate ／中介人／ môi giới
- □ **アドバイザー**：advisor ／建议人／ cố vấn
- □ **〜系**：(a suffix used to describe type or membership) ／系、系统／ ngành
- □ **サイト**：website ／网点、网站／ trang web
- □ **良心的**(な)：upright ／有良心的／ lương tâm
- □ **プロフィール**：profile ／简介／ tiểu sử
- □ **検索**(する)：to search ／检索／ tìm
- □ **メリット**：merit, benefit ／好处、益处／ lợi thế

日本語能力試験 対策編 解答用紙

N1 聴解

名前 Name

第1章 課題理解（問題1）

1	①	②	③	④
2	①	②	③	④
3	①	②	③	④
4	①	②	③	④
5	①	②	③	④
6	①	②	③	④
7	①	②	③	④
8	①	②	③	④
9	①	②	③	④
10	①	②	③	④
11	①	②	③	④
12	①	②	③	④
13	①	②	③	④
14	①	②	③	④

第2章 ポイント理解（問題2）

15	①	②	③	④
16	①	②	③	④
17	①	②	③	④
18	①	②	③	④
19	①	②	③	④
20	①	②	③	④
21	①	②	③	④
22	①	②	③	④

第3章 概要理解（問題3）

23	①	②	③	④
24	①	②	③	④
25	①	②	③	④
26	①	②	③	④
27	①	②	③	④
28	①	②	③	④
28	①	②	③	④
29	①	②	③	④
30	①	②	③	④

第4章 即時応答（問題4）

31	①	②	③
32	①	②	③
33	①	②	③
34	①	②	③
35	①	②	③
36	①	②	③
37	①	②	③
38	①	②	③
39	①	②	③
40	①	②	③
41	①	②	③
42	①	②	③
43	①	②	③
44	①	②	③
45	①	②	③
46	①	②	③
47	①	②	③
48	①	②	③

第5章 統合理解（問題5）

49		①	②	③	④
50		①	②	③	④
51		①	②	③	④
52		①	②	③	④
53	(1)	①	②	③	④
	(2)	①	②	③	④
54	(1)	①	②	③	④
	(2)	①	②	③	④
55	(1)	①	②	③	④
	(2)	①	②	③	④
56	(1)	①	②	③	④
	(2)	①	②	③	④

〈ちゅうい Notes〉

1. くろいえんぴつ(HB、No.2)でかいてください。
   (ペンやボールペンではかかないでください)
   Use a black medium soft (HB or No.2) pencil.
   (Do not use any kind of pen.)
2. かきなおすときは、けしゴムできれいにけしてください。
   Erase any unintended marks completely.
3. きたなくしたり、おったりしないでください。
   Do not soil or bend this sheet.
4. マークれい Marking examples

よいれい Correct Example	わるいれい Incorrect Examples
●	⊘ ⊗ ◎ ⊙ ◐ ○

日本語能力試験　模擬試験　解答用紙
N1　聴解

名前 Name

〈ちゅうい Notes〉

1. くろいえんぴつ(HB、No.2)でかいてください。
 (ペンやボールペンではかかないでください。)
 Use a black medium soft (HB or No.2) pencil.
 (Do not use any kind of pen.)
2. かきなおすときは、けしゴムできれいにけしてください。
 Erase any unintended marks completely.
3. きたなくしたり、おったりしないでください。
 Do not soil or bend this sheet.
4. マークれい　Marking examples

よいれい Correct Example	わるいれい Incorrect Examples
●	⊘ ⊙ ◯ ● ◐ ◑

問題 1

1	①	②	③	④
2	①	②	③	④
3	①	②	③	④
4	①	②	③	④
5	①	②	③	④
6	①	②	③	④

問題 2

1	①	②	③	④
2	①	②	③	④
3	①	②	③	④
4	①	②	③	④
5	①	②	③	④
6	①	②	③	④
7	①	②	③	④

問題 3

1	①	②	③	④
2	①	②	③	④
3	①	②	③	④
4	①	②	③	④
5	①	②	③	④
6	①	②	③	④

問題 4

1	①	②	③
2	①	②	③
3	①	②	③
4	①	②	③
5	①	②	③
6	①	②	③
7	①	②	③
8	①	②	③
9	①	②	③
10	①	②	③
11	①	②	③
12	①	②	③
13	①	②	③
14	①	②	③

問題 5

1		①	②	③	④
2		①	②	③	④
3	(1)	①	②	③	④
	(2)	①	②	③	④